学院制

区域课程供给新模式

郭鸿◎主编

人民东方出版传媒
東方出版社

图书在版编目（CIP）数据

学院制：区域课程供给新模式 / 郭鸿主编. —北京：东方出版社，2021.10
ISBN 978-7-5207-2348-0

Ⅰ. ①学… Ⅱ. ①郭… Ⅲ. ①高等学校－教育制度－制度建设－研究－中国
Ⅳ. ①G649.2

中国版本图书馆CIP数据核字（2021）第168699号

学院制：区域课程供给新模式
（XUEYUAN ZHI: QUYU KECHENG GONGJI XINMOSHI）

主　　编：郭　鸿
副 主 编：陈忠玲
责任编辑：张洪雪　杭　超
出　　版：东方出版社
发　　行：人民东方出版传媒有限公司
地　　址：北京市西城区北三环中路6号
邮政编码：100120
印　　刷：北京汇林印务有限公司
版　　次：2021年10月第1版
印　　次：2021年10月北京第1次印刷
开　　本：710毫米×1000毫米　1/16
印　　张：13.75
字　　数：201千字
书　　号：ISBN 978-7-5207-2348-0
定　　价：62.80元
发行电话：（010）85924663　85924644　85924641

编 委 会

主　　任：郭　鸿

副 主 任：姜　婷　闫晓东　陈忠玲

编　　委：（按照姓氏笔画排序）

王　喆　王　京　刘新蕊　辛竹叶　张丽莉

李雪珊　杨　眉　徐　昌

编写人员名单

主　　编：郭　鸿

副 主 编：陈忠玲

编写人员：郭　鸿　陈忠玲　辛竹叶　王　喆　杨　眉

序

近年来，为了不断满足社会对优质教育资源日益增长的需求，办人民满意的教育，北京市东城区全面深化教育综合改革，探索基础教育从“有没有”到“好不好”再到“适合不适合”的历史跨越，取得了历史性成效。一方面，实施学区制改革，通过创新体制机制，探索“盟、贯、带、团”优质资源均衡改革，大大缩小了校际差异，基本实现了办好每一所学校，从“学有所教”到“学有优教”的目标；另一方面，积极实施学院制改革，在优质资源均衡的基础上，追求多样化可选择的适合不同孩子的教育目标。学院制改革，利用全社会资源共同促进教育公平，在区域统筹下，聚集、配置、开发、共享各级各类优质资源，服务于学生，促进学生个性化发展；服务于区域教育改革，办人民满意的教育，让人民感受到家门口的幸福。

这是一次具有时代性和前瞻性的区域教育体制改革尝试。

基于东城区地域空间狭小和文化底蕴深厚的特点，学院制改革经过几年的实践探索，在创新体制机制的基础上，通过学院制课程供给的方式，构建区域学生学习和成长的大学园，形成优质教育资源区域有效运用的方式、路径和运行机制，探索出一种不同于学校供给、学区共享、集团化办学的区域优质教育资源供给模式，走上一条开放、多元、动态、协同的人才培养之路。

教育之路承载着国家的未来，培养时代新人，是一个守正创新的过程，传承文化的智慧和面向未来的勇气交织在每一位教育者的脚步中。如何为每个学生提供更适合的教育，促进学生知行合一，学以致用，学院制课程的探索还有很长的一段路要走。在课程的综合性和实践性以及学生核心素养的培养上如何发挥学校课程和学院课程的价值，实现共同育人、育完整的人，需要学院制改革的进一步探索。

冯洪荣

2021 年 4 月

前　言

办人民满意的教育，在于不断满足人民对高质量教育的需求，在于教育的不断开拓和创新。

党的十八大之后，北京市东城区提出了“一体两翼”的教育改革发展之路。“一体”是指办人民满意的教育，“两翼”分别是学区制改革和学院制改革。学区制改革着眼于结构调整，聚焦均衡发展，探索现代教育的治理体系；学院制改革则定位于实现校内外、课内外无痕迹的融合，聚焦学生个性发展和育人质量，探索新型人才培养模式。两者相得益彰，深入回答“培养什么人”“怎样培养人”的问题，体现了东城区教育始终追寻教育本质的实践创新。

2015年，北京市东城区初步建立了东城区青少年教育学院，它承担着学院制改革的整体推进任务。

从团队组建、制度建立、运行机制探索到学术研究的深入，整个过程可谓困难重重，但我们认为学院制改革是着眼未来、关注现实的思考与实践，是值得我们构建的具有东城区特色、充满活力的课程体系，将有助于培养有本领、懂合作、能担当的时代新人。

在东城区青少年教育学院成立初期，经过反复论证，我们达成了目标共识：为学生提供可选择、有梯度、促个性发展的课程。随着思考的深入和实践的需要，我们搭建了课程共享平台，盘活了区域内教育资源，实现了优质资源的共享；倡导社会教育力量的参与，实现了协同发展。从最初搭建的“学院日课程”到构建“学院制课程”，进而发展成为“学院制课程体系”，我们探索出了以政府为主导、多主体参与的教育治理新形态。

学院制课程的建构与实践，从区域层面看，提高了区域课程整合、开发、共享的能力，打破了课程供给的校际壁垒，实现了优质课程资源在区域内的流通；从学校层面看，丰富了学校课程内容，补充了学校师资，完善了学校课程体系；从学生发展层面看，拓宽了学生学习的平台和渠道，增加了学生学习的选择性。学院制课程，在教育供给与学生全面而有个性发展的需求之间，架起了一座新的桥梁。

我们既是新时代教育改革的思考者、实践者，也是答卷人。目前，东城区青少年教育学院为学生提供了充沛而优质的学习资源和大量适合个性发展的可选择的课程。

学院制课程是东城区教育改革的产物。本书阐述的课程顶层设计中的政策、机制等问题，离不开北京市东城区教工委、教委对学院制改革的大力推进。学院制课程的开发与实施，离不开参与改革的专家、研修员、教师和学校的大力支持。

本书主要内容包括学院制课程建设的背景、供给模式的建构、课程纲要的编写、教学设计的编写和学院制课程的育人成效五个方面的内容。本书由郭鸿、陈忠玲、辛竹叶、王喆、杨眉编写。

本书内容，是我们在实践过程中的思考与沉淀，具有阶段性。

希望我们的探索能够带给基础教育一些启示。

编　者

2020 年 3 月

目　录

第一章　学院制课程建设的背景

作为首都功能核心区之一，北京市东城区具有丰厚的历史文化底蕴和较为丰富的优质教育资源。长期以来，东城区委、区政府始终把教育摆在优先发展的战略地位，认真贯彻落实党和国家的教育方针政策，不断推出促进义务教育优质均衡发展的系列创新举措。如针对优质教育资源相对集中、校际资源配置不平衡、“择校”问题突出的现状，为促进教育均衡发展、教育资源共享，实现教育公平，2003 年，东城区提出“不求所有、但求所用”的资源共享理念，2004 年开始试行学区化管理，以在教育系统内部实现“三个共享”，即设施设备资源共享、课程资源共享和人力资源共享，促进义务教育均衡发展。针对东城区中小学生可自主支配的课外活动时间有限且不能有效利用，课外活动资源未能有效利用，学生开展课外活动的形式单调，缺乏导向和服务等问题，2005 年，东城区启动了“蓝天工程”。“蓝天工程”以青少年学生课内外教育需求为出发点，通过体制机制改革，对一切可利用的教育资源进行统筹、协调、整合、利用，搭建网络化、数字化、社会化的课外活动管理信息平台，创设没有围墙的课外校园，构建课外活动管理新模式。

这些举措取得了一定的实效，基本解决了教育入学公平的问题，为学生提供了丰富的、可选择的、满足个性需求的学习资源，在一定程度上促进了教育的均衡发展。但还存在一些问题：一是未能将区域内一些小而散的教育资源集聚成一定规模的教育品牌，且优质品牌覆盖率不高；二是资源零散不成体系影响资源的利用率，如何将资源转化为课程尚需加强研究；三是创新人才培养模式尚未发挥其应有的作用，在研究学生成长规律上还有很大的发展空间。为此，东城区在深化教育领域综合改革的背景下，在学区制改革与原有“蓝天工程”的基础上，提出了“学院制”这一素质教育的人才培养创新实践新模式。学院制的由来以及需要构建怎样的机制、如何进行课程建设、如何创新人才培养模式、如何创新评价方式和评价体系，是我们亟待解决的问题。学院制课程建设成为北京市东城区学院制改革探索人才培养模式的重要载体。

一、当下基础教育面临的新趋势、新问题

随着社会的进步、国家的发展，我国更加强调教育的重要性，更加突出教育的公平与卓越，更加突出教育的国际化和竞争力；同时，随着“互联网+”时代的到来，教育的开放性、竞争性、融合性迅速增强。

“十三五”时期是全面建成小康社会、加快推进社会主义现代化的关键时期，培养创新能力作为国家战略贯穿现代化进程的各个领域，面对新时期、新形势，提升教育质量的要求更为严格，促进教育公平的任务更为艰巨，实现教育创新的挑战更为严峻，扩大教育开放的需求更为迫切。同时，教育作为推动民族振兴、社会进步、提高国民素质、促进人全面发展的重要途径，寄托着亿万家庭对美好生活的期盼。

在我国基础教育事业处于重要战略机遇期和改革攻坚期的重要时刻，为全面深化综合改革，深入贯彻十八届三中、四中全会精神和国家中长期教育改革和发展规划纲要精神，应牢牢把握促进教育公平的目的，坚持立德树人这一根本任务，多举措持续深化教育领域综合改革，实现全科育人、全程育人、全员育人，更加“关注学生的实际获得”，从而使课程改革集中体现“均衡、优质、特色”发展的新常态。北京市课程改革政策的制定与采取的一系列举措，深刻影响着区域课程改革和学校课程供给。

（一）深化基础教育公平、均衡、优质发展

随着首都经济社会快速发展和人民生活水平日益提升，人民群众的教育需求呈现出多层次、多样化、个性化等特点。满足人民群众的教育需求，解决教育热点难点问题，落实教育公平、提高教育质量，是增强人民群众对教育改革成果的实际获得感、提高人民群众对首都教育满意度的重要指标。

“十二五”时期，北京市东城区扎实推进国家学前教育三年行动计划、中小学建设三年行动计划、高中多样化特色建设、职业教育改革等工作，各级各类教育在基础建设方面得到极大发展，优质资源不断扩大、优质学位不断增多；学区制改革、“盟、贯、带”及教育集团化办学措施的深入推进，使公共教育资源配置更加均衡，区域、校际差距进一步缩小，东城区教育基本实现了均衡发展，基本解决了教育入学公平的问题。特别是“蓝天工程”十年来的探索与实践，通过挖掘、整合、盘活社会教育资源，最大限度地发挥了社会资源单位场地、设备、师资的优势，切实实现了优质教育资源共建、共享、共同发展的良好态势，丰富并拓展了学生的学习内容及实践空间，促进了教育教学的广泛融合，教育观、质量观、人才观发生了重大转变。

随着区域教育改革的不断深入，面对新发展、新问题，我们必须有新思考与新探索。首先，“盟、贯、带”及教育集团内部的学校间，软硬件资源建设、课程资源共享、教师团队水平、学生成长发展等方面，仍存在较大差异。如何在学区内进行教育资源的合理化配置和最大化利用是我们要面对的重要问题，需要在区域统筹下，聚集、配置、开发、共享各级各类优质资源。其次，老百姓对教育资源深度均衡、教育高质量的要求更为凸显。如何实现“发挥每个学生的主体性、主动性，使每个学生都能主动地、积极地投入到学习中，使潜在能力得到充分发挥，都能获得教育的成功”这一教育公平的最终目的，如何真正为每一名学生提供能够满

足其个性发展所需要的优质教育资源，实现机会公平和过程公平，需要我们在教育改革中不断开拓、创新，这样才能切实满足人民对高质量教育的需求。最后，为深入推进学院制改革，实现全面育人，构建实施素质教育的长效机制，在“蓝天工程”的基础上成立的青少年教育学院，初步形成了“1+N+8+X”的学院制体系，如何在青少年教育学院这个大平台上实现优质教育资源共建、共享，需要我们着力构建一套科学、多元、开放、动态的学院制课程体系，吸引和引领学生们在课程学习与实践中成长、成才。

（二）满足学生多样化、个性化发展需求

培养创新人才的前提是尊重人的独特性、个体性，尊重人的个性化发展。尊重人的个性化发展、满足学生多样化需求成为新时代基础教育的重要特征。时代的发展呼唤教育模式的变革，这需要一个能满足当今时代人才个性化教育需求，与时代发展相适应的基础教育体系。

2014 年、2016 年，北京市新的中高考制度相继出台，新的考试制度既有利于学生的个性成长，也有利于学生的特长发挥。因此，教育者要以新的理念、新的策略，更好顺应时代和教育潮流，树立多样化人才观念和人人成才观念，关注不同学生的特点和个性差异，尊重学生的选择，鼓励学生个性化发展。

在东城区教育改革的不断深化推进中，以往计划性的人才培养模式不能适应新的人才培养需求，课程资源开发利用不足，尚不能满足学生个性化、多样化需求，以往为学生群体的培养而设计的课程无法满足学生的个性化成长需求。

学院制区域课程供给要真正在课程开发与设置上实现学生个性化自由发展，进行个性化课程设置，尊重学生的选择权，积极为学生的个性化成长提供条件，建立灵活开放、选择多样的人才培养“立交桥”，为教育系统内优质学校课程建设辐射共享的路径，实现优质课程的区属化。同时，

引进优质社会课程资源，建设转化整合路径，为学生的个性化发展设置长链条的课程，为学生提供更适合的教育路径。

（三）推进区域教育治理体系现代化建设

在教育现代化发展中，教育管理方式创新、教育治理方式创新逐步引领教育发展方式创新。教育治理超越了行政管理的范围，其核心是正确处理好政府、学校、社会的关系，并建立完整的治理结构。《中共中央关于全面深化改革若干重大问题的决定》提出："深入推进管办评分离，扩大省级政府教育统筹权和学校办学自主权，完善学校内部治理结构。"教育治理体系与治理能力的现代化，实现从管理到治理的变化，需要协调多个利益主体的关系，政府与民众、社会、企业、学校的关系也应是平等的、双向的、互动的、协同的，特别是在社会转型期，进一步推进体制机制改革，建立现代治理体系迫在眉睫。

在新型教育治理体系建设中，东城区努力寻找为学生提供优质教育服务的协作之路。"十二五"期间，东城区秉承"创建没有围墙的校园、全面推进素质教育"的核心理念，打破校园界限，整合学校、少年宫、青少年科技馆、博物馆、剧院、公园、体育馆等校内外各类资源，为广大青少年学生构建了一个完整的课外活动体系，在一定程度上改变了学生的传统学习方式，激发了学生的学习兴趣，形成了全新的课外活动管理新模式和生动活泼的教育发展态势，初步探索了政府、学校、社会资源协调有序的合作方式。此外，东城区还借助高参小项目，与校外机构合作办学，部分中小学借助社会资源开发、校本课程资源拓展等方式，引入社会资源参与办学，在多元化社会资源供给方面进行了多种方式的探索和尝试。

在学院制改革的推进过程中，虽然目前汇集了很多多元的、分散的、暂时的、可选择的社会资源，但这些资源的供给与使用不是一个建制性的有稳定供给和系统研究的，而我们需要建立一个系统的、稳定的、多元化的资源供给体系和课程运行平台，真正使各级各类资源，课程的供给、运行，以及对学生的个性培养、全面成长、终身发展实现系统的、稳定的、动态的、持续的支持。同时，我们需要通过系统研究，逐步促进东城区教育综合改革的不断深化，找到教育治理体系建设的有效途径。

二、东城区基础教育“十五”以来的创新改革举措

一个区域的教育，体现着该区域文化的延续与发展，同时它又根植于这块土壤，文化是它的基因。自元朝定都大都（今北京）后，北京始终是中国的文化中心和教育中心。而东城区，作为首都的首善之区，集中承载了北京的教育功能。从元大德十年（1306 年）国子监定址于东城区成贤街起，700 多年来，东城区先后拥有全国最高教育行政机构、最高学府国子监，中国第一所国立综合大学北京大学，新中国成立后建设的第一所中学北京市第十一中学，“三个面向”发源地的北京景山学校等。如此深厚的底蕴深深影响着今天的东城教育，甚至已经成为东城教育代代相传的基因。

东城教育文化具有以下特征：文化自信、国际视野、爱国精神、创新品质。具体来说，就是七百年间坐拥全国最高学府，培育出众多名人、大家的这一份高贵气质给了东城教育独有的文化自信；近现代以来中国教育睁眼看世界，中西合璧、传播西学的开阔胸襟为东城教育埋下了国际视野的最初种子；五四运动以来播撒革命火种、探索民族解放道路的筚路蓝缕为东城教育打下了爱国精神的鲜红底色；改革开放以来面向未来“敢为天下先”，对教育百年大计的执着探索让东城教育坚定了自己的创新品质。

在新时代，东城教育凭借其悠久的历史、深厚的底蕴，厚积薄发、锐意进取，为了国家和民族的百年教育大计，基于文化自信、国际视野、爱国精神、创新品质，勇于创新、善于创新，在教育改革的探索之路上不断为其他地区作出表率，成为北京乃至全国教育改革、创新的排头兵。

（一）优化教育资源结构分布

1. 体制机制改革

“十五”期间，东城区最大限度地扩大优质教育资源，拆并基础薄弱校，规模较小的中学、小学及幼儿园共36所，将薄弱分散资源向优质资源靠拢。“十一五”期间，东城区开始探索并全面实施学区化管理模式，实现学区内设施设备资源、课程资源和人力资源共享。“十二五”期间，东城区一方面深化学区化改革，另一方面开始探索“学校联盟”、“校区制”、课程资源中心等教育特色品牌建设。“十二五”时期至今，基础教育学校办学体制改革成为东城区教育改革的重要举措。（1）不断完善“一长执两校”模式，积极探索基础教育办学体制多元化发展的有效途径，大力推进学校深度联盟建设。自2014年1月起，东城区先后建立了45对深度联盟学校，通过实施一体化管理、一定比例对口直升学校和特色教育联盟，实现了学校联合发展、学生联合培养。（2）探索九年一贯制学校实验模式。通过学区内优质品牌小学增设初中部和优质中学增设小学部两种方式，新增12所九年一贯制学校，实行统一的学校行政、教育、教学一体化管理，有效提升了教育优质化水平。（3）构建优质教育资源带。以学区内优质品牌学校为龙头，联合周边的2—3所普通学校，建立8条优质教育资源带，统一招生、统一管理，统筹师资及教育教学活动，努力满足区域人民对于优质教育资源的需求。（4）深化教育集团化办学管理模式。选取北京二中、景山学校、汇文中学、史家小学等7所改革项目校，探索京津冀协同发展、非首都功能疏解框架下的品牌战略发展。依托品牌名校的带动作用，实现优质教育资源品牌的辐射推广与合成再造。

截至目前，东城区已有12所新九年一贯制学校、8条优质教育资源带、45对深度联盟学校、7个教育集团，形成了横向优质教育资源共享、纵向学段贯通的良好发展态势。在首都教育改革新地图中，东城区的“盟、贯、带”及集团模式已成为新的时代品牌。

2. 教师资源共享机制

在优秀师资结构上，东城区创新骨干教师资源共享机制。落实《东城区教育系统人力资源共享实施意见》，进一步健全和完善教师流动机制，扩大骨干教师全职跨校交流的范围，加大执行力度。实施“621 骨干教师引领工程”，开展跨校教研、跨校带徒、名师跨校送课等工作，缓解部分学校骨干教师资源不足的矛盾，促进骨干教师资源共享。

以学区为基本空间单位，积极探索“机关与基层干部双向交流轮岗、研修员与学科骨干教师双向交流轮岗、校际联盟干部教师交流轮岗、九年一贯制学校教师交流轮岗、优质资源带干部教师交流轮岗、学区教师培养基地交流轮岗、城乡一体化交流轮岗、建立更广泛更灵活的人才资源共享机制”等多种干部教师交流轮岗工作。成立北京市东城区教师服务管理中心，完善教师编制统筹管理制度、干部教师交流轮岗制度、绩效工资制度、人事聘用制度、教师考核退出制度等新型高效、动态运转的人事管理制度体系。

自深化教育综合改革系列举措推行后，优质师资的流动与共享更加频繁，逐渐形成“学校人”向“盟、贯、带”办学联合体人转变、“盟、贯、带”办学联合体人向“学区人”转变、“学区人”向“系统人”转变的“区管校用”管理模式，进一步完善干部教师轮岗交流模式，从而建立起更广泛、更灵活的人力资源共享机制，为学院制改革进行优质师资区属化奠定了基础。

（二）人才培养模式的改革

1.“蓝天工程”

为解决中小学生可自主支配的课外活动时间有限且不能有效利用，课外活动资源未能有效利用，学生开展课外活动的形式单调，缺乏导向和服务，升学机制制约中小学生课外活动的开展等问题，东城区于2005年启动实施“蓝天工程”。“蓝天工程”以青少年学生课内外教育需求为出发点，通过体制机制改革，以成立东城区青少年课外活动指导服务中心为突破口，对一切可利用的教育资源进行统筹、协调、整合、利用，搭建网络化、数字化、社会化的课外活动管理信息平台，创设没有围墙的课外校园，让每一位中小学生都拥有自己的课外活动空间，还学生一片蓝天。其改革的重点在于四个方面。

（1）构建校外教育管理新模式

构建统筹协调的校外教育组织管理体系。成立了青少年课外活动指导服务中心，统筹、规划、管理、组织、协调东城区课外教育的整体改革与发展；调动各方面力量，努力形成社会各界共同支持、参与的课外教育新格局；规范了中小学校的课外活动管理职能，并将载入《东城区青少年课外活动手册》的资源单位纳入中小学课外活动管理范围。

（2）建立学生课外活动资源库

建立开放多元的课外活动资源库。“蓝天工程”资源库是通过对所有能给中小学生提供课外活动资源的文化、体育、科技、经济、国防、司法、科研院校、社会实践、社团类等资源单位和课外活动师资方面的人力资源进行挖掘、遴选和整合，运用信息技术建立起的信息集合体。资源库的建立打破了校际界限、区域界限，实现了资源共享和资源利用的最大化，东城区的中小学生都可以利用上述资源开展丰富多彩的课外活动。

（3）探索课外活动实施新模式

在青少年课外活动指导中心的统筹协调下，学校开展课外活动的方式由松散随意逐渐走向规范有序。学校在相对稳定的社会资源库中选择适合的资源，有效拓展学生的学习空间。学校与资源单位在合作中逐渐摸索并形成主题鲜明的活动序列，保障了课外活动的实施，并有效提升了课外活动的质量。

（4）创新课外活动评价方式

形成了一套评价体系，实现对课外活动的客观合理评价。实施“蓝天工程”，创设没有围墙的校园——依托信息技术，构建课外活动管理新模式。“蓝天工程”在不断汇集、丰富社会资源的过程中，逐步构建起资源地图，引领学校、社会、家庭、教师、学生、家长树立起“不求所有，但求所用”的大资源观。

2. 学院制改革

在“蓝天工程”的基础上，2012 年，东城区提出了“学院制”这一素质教育的人才培养新模式构想，不断满足学生个性化发展、终身发展的需求，创建区域学生学习的大学院，以“区域统筹、资源集成、课程共享、学生自选”为特点，为核心区学生创建一个无边界的学习空间。具体目标有如下三点：

（1）建立学院制管理模式

学院制改革的目的就是要建立一套统筹育人链条中众多主体和机构的机制，并高效运作以实现预期的育人功能。其育人功能之一是建立学院制课程开发、引入、实施、评价、管理相互衔接、科学有序、顺畅运行的机制，以及以信息技术为依托的课程平台、管理平台，实现学院、学校、资源单位的相互融通、相互促进。

（2）构建学院制课程体系

课程是育人的核心，要建设东城区阶梯型教育场地，构建区域学生学习和成长的大学园，不断满足学生个性化、多元化、可选择的成才发展需求，促进教育均衡发展，构建学院制课程体系是基础工作。学院制改革要形成科学、完整的课程管理制度，制定课程生成供应标准、课程申报准入标准、课程实施运行标准、课程评价反馈标准等规范文件，以推动学院课程的可持续发展。

（3）助力学生的个性化成长

学院制改革将固有的学校教育与校外教育有机融合，将学院课程与学校课程精准对接，在学校课程的基础上，为学生提供 12 年连贯的、开放的、可选择的学院课程资源。建立学生学院学习成长数据库，根据学生的课程选择与学业评价，为学生的成长方向提供科学诊断与分析，构建学生的个性化成长地图，优化学生的个性化成长通道。

三、国内学院制的经验与启示

国外的学院虽然经历了较长时期的发展，但主要还是同一学科师生共同生活和学习的场所。我国的学院则主要是指基本的教学和行政单位，同时借鉴古代书院教育所体现出的人文精神、书院课程的灵活性。东城区成立的青少年教育学院，实际上是介于中小学与大学之间的一种学习机构，它破除校际围墙，营造具有学习氛围的开放环境，让孩子在这里学习与成长。相对于中小学校，青少年教育学院更具有弹性与灵活性，更注重学习者本身的感受和选择，更有助于学生的个性化发展。

（一）学院制概念

“学院”一词最早出现在欧洲中世纪大学。大学产生之初，学院原是大学为了接待或者帮助来自其他国家和地区的贫困学生而提供的住宿场所。中世纪后期，学院不再仅仅为贫穷学生提供食宿，而是逐渐成为同一学科师生共同生活和学习的场所。在某些国家，如英国和德国等，学院是构成大学或系的最基本的教学和行政单位。

我国的学院最早可追溯到 1929 年。国民政府颁布的《大学组织法》规定：大学分文、理、法、教育、农、工、商、医八个学院，设置了三个以上学院者方称得大学，只办一个或两个学院的称为独立学院。现在的学院指的是经国家批准具有学历教育资格的学科门类相对较少的高等学校、以培养某种技能为主的专业技术学校或以培养自考学生为主的高等学校。

现在，人们普遍认为“学院”是实施高等教育的学校之一，是一种基本的教学和行政单位。而从“学”与“院”的造字结构来考量：学，本义是学习，《广雅》中说“学，识也”；院，本义指围墙，《广雅》中说“院，垣也”，后指有围墙的院子、房屋。综合起来看，实际上，学院是传授知识的地方。

“制”的本义是裁断、制作，有制度、机制之意。学院制作为一种管理制度产生于中世纪，并随着大学的发展而不断完善，目前已成为世界上大多数国家综合性大学普遍采用的一种管理模式。从 20 世纪 80 年代中期起，我国大学逐步启动了新中国成立以来的新一轮院系调整，将大学内部管理体制由传统的校系制调整为学院制。这也意味着，事实上，学院制已成为当前我国大学内部管理体制的主要模式，它是高校通过学科重组，在“校”与“系”之间设立“学院”，以“学院”为主体和管理重心，以人才培养和学科发展为基本目标，在开展教学、科研和行政管理过程中所采用的一种组织管理模式和分权管理理念。

无论是国内还是国外，学院制都被看作一种管理制度。东城教育领域综合改革中的学院制，是构建一定运行机制下的管理系统，形成一种管理模式，以统筹教育资源、规范课程体系、创新人才培养模式，为人才培养提供一定的系统保障。

（二）国内学院制的历史发展

1. 私塾

私塾，通常是指旧时家庭、宗教或者教师自己设立的教学处所，一般只有一个教师，采用个别教学法，没有一定的教材和学习年限。[①] 私塾产

① 参见中国社会科学院语言研究所词典编辑室编：《现代汉语词典》（第七版），商务印书馆 2020 年版，第 1236 页。

生于我国春秋时期，是中国古代社会开在民间的一种教育机构。在中国教育史上，孔子创办的私塾是规模最大，也是影响最深远的。孔子提倡因材施教、有教无类。私塾又可以细分为经馆和蒙馆两级。经馆的学生以成年人为主，学生学习的目的与方向较为明确。蒙馆主要是针对年幼儿童的教育，教授的内容大体可以分为两个方面：第一个方面是知识教育，主要是教授学生读书与写作；第二个方面是道德教育，以封建伦理道德教育为主。随着宋朝印刷术、造纸术的出现，以及科举制度的推广，私塾的规模与影响越来越大。由于政治、经济、文化等多方面的原因，传统的私塾教育在明清时期达到鼎盛。[①]

随着新中国的成立，私塾的不合理之处也越加明显，并逐渐开始消亡。20 世纪 60 年代，特别是在 1963 年的社会主义教育运动中，私塾问题上升到阶级斗争的高度，此后封建私塾在我国基本绝迹。[②]

1986 年，全国人民代表大会常务委员会制定《中华人民共和国义务教育法》，从此，我国基础教育发展到了九年义务教育的崭新阶段。1992 年，北京大学成立了传统文化研究中心，被淡忘了数十年的“国学”文化在我国浮现。[③]2013 年，有学者指出，私塾应当是义务教育的一种补充教育形式，它与义务教育法的目的并不冲突；义务教育是受教育者的权利，也是未成年人及其父母的一项不可剥夺的教育选择权。中国义务教育法应当为私塾的完善和发展提供一定的法律保障。在中国，私塾的再次兴起摆脱了目前学校教育注重升学率及应试教育的窘境，使教育能够更加注重促进学生个体发展的本体功能。同时，私塾可弥补当前教育多元化之不足，被赋

① 参见徐亚州：《当代私塾教育中的德育问题及对策研究》，硕士学位论文，山东师范大学政治法律学院，2017 年，第 8—9 页。

② 参见徐亚州：《当代私塾教育中的德育问题及对策研究》，硕士学位论文，山东师范大学政治法律学院，2017 年，第 3 页。

③ 参见徐亚州：《当代私塾教育中的德育问题及对策研究》，硕士学位论文，山东师范大学政治法律学院，2017 年，第 3 页。

予新的时代内涵，有利于满足不同形式教育的需求。[1]

2. 书院

书院是中国古代的一种学校类型[2]，是唐宋至明清出现的一种独立的教育机构，是私人或官府所设的聚徒讲授、研究学问的场所。由此，书院教育成为中国古代一种独特的文化教育组织模式，通常由民间办学者承办，没有政府认可与资助，这一点也决定了书院教育管理的独立性。千百年来，书院教育对我国传统文化产生了巨大而深远的影响。

书院通常由私人承办，不属于官方教育体系，有独立自主的办学理念，因此，书院课程在教学内容的选择、教学方式与方法的运用等方面也都表现出独立性。

在中国书院史上，能较好地体现书院教学内容与活动的史料是元代程端礼所著的《程氏家塾读书分年日程》。这本书将生徒学习分为"八岁未入学之前"、"自八岁入学之后"和"自十五志学之年"三个阶段，每一阶段都规定了必读之书和读书的次序。由此可见，书院的教学内容十分全面，与官方以科举应试知识为主体的教学内容有显著差异。

不仅书院的教学内容与官方的教学内容完全不相同，而且书院的教学方式也与官方教育机构的教学方式有明显差异。书院尊重学术自由，提倡学术创新。最为典型的方式是会讲与讲会。在这些学术活动中，书院可以邀请不同学派的学者前来讲学，生徒也可以平等参与学术讨论，不仅对学者的学术研究有极大的推动作用，生徒还能在参与中受到启发与影响。以书院为基地开展会讲为学术交流、学术合作搭建了重要的平台。

书院管理体制的独立性，书院教育所体现出的人文精神，书院课程的灵活性为我们实施学院制改革与学院制课程建设提供了很好的借鉴。

---

① 参见仲宇新、肖国栋：《"宅·私塾"式家庭教育研究》，《林区教学》2018 年第 3 期。

② 参见辞海编辑委员会编：《辞海》（1999年普及本），上海辞书出版社1999年版，第295页。

（三）国内学院制改革及相关研究的主要特点

1. 突出政府在教育改革中的主导作用，构建区域教育资源集群

已有研究显示，在区域教育资源集群构建中，地方政府、教育行政部门都发挥着极其重要的作用：发布区域教育综合改革与治理政策，主导区域教育资源集群构建，引领区域地方课程加强“顶层设计”等。这些均从“高位入手”主导着教育改革。如湖北省武汉市、河南省郑州市、海南省等省、市政府积极推动区域教育治理改革，重庆市南岸区“十一五”期间整合教育资源，推进优质教育资源向集团化迈进，推进优质教育捆绑式发展，基本构建起从幼儿教育到高等教育的一体化优质教育体系，成功创建市级重点中学 5 所。北京市东城区、西城区、朝阳区、丰台区、房山区等政府发挥主导作用，进行区域教育资源集群构建等。

北京市房山区提出区域教育资源圈育人机制，对本区内 35 家市区级社会大课堂资源单位进行了重新认定，并指导开发了资源单位的学习任务单。在认定的基础上，创建红色教育、地质教育、劳动教育、文化教育、科技教育和体育教育六大“资源圈”，构建开放性的教学形式，引导学生进行多元化、开放式学习。①

北京市丰台区在教育改革中推倒教育资源的校际围墙，在本区内成立教育集群管理协调中心，建立行政主导、学校协同、资源共享、特色衔接、共同发展的集群机制，形成以龙头校为引领的“行政—集群—学校发展”的管理机制，推进行政职能转变，逐步从教育管理走向教育治理；统筹教育资源，促进教育集群优质、均衡发展。

北京市朝阳区采取整体并入、集团办学、深度联盟等多种方式，以合

① 参见杨凤娟、周长凤：《北京房山：区域推进课程整体育人的实践探索》，《中小学管理》2016 年第 1 期。

作推动优质教育资源聚集，以名校办分校带动新建校快速提升，以城乡共同体带动联合发展，以学区化带动统筹管理，以信息化带动资源共享，坚持优质、均衡，促进教育整体水平提升。

北京市西城区坚持“公平、优质、均衡”的原则，创新集团化办学模式，探索教育均衡发展的新途径，形成四个教育集团19所集团校，强化资源管理，统筹协调、优化提升。

集群建设步步深入、不断升级，由最初的以资源共享为主要功能的初级区域教育共同体，发展到以课程为中心的区域生态教育共同体，进而发展到以改变区域教育结构为主要任务的现代化区域教育共同体建设，对构建区域教育治理现代化新模式进行了探索。

2. 以区域构建课程为主要内容，发挥资源的育人价值

全国各地、各学校都很注重发掘区域教育资源，进行区域课程开发。

浙江省针对本省自然、社会、经济、历史等发展实际和学生发展的客观需要，从培养和提高学生的人文精神、科学创新精神、社会参与能力三个方面开发地方课程；“借力行政、课题支撑、三级教研、成果展示”是浙江省宁波市北仑区综合实践活动区域教研推进的四个抓手，而学校立场、学生立场和教师立场是综合实践活动区域教研的三大视角。[①] 宁波市北仑区立足区域层面的综合实践活动课程开发实践，总结、提升综合实践活动课程开发的一系列实践策略，主要有课程开发的主题建构策略、课程实施策略、课程评价策略、师资配置策略、课程管理策略等策略。

张世善提出了区域构建适合每个学生发展的课程体系的观点。他认为，应该优化课程开发行为，研究学生的特别需要，探索开发的途径，制定课程内容提纲，他把适合每个学生发展的课程设计成“行星图谱”：

① 参见乐素芬：《综合实践活动区域教研的北仑实践》，《基础教育课程》2018年第6期。

“水星轨道”——涵育上善胸怀、“金星轨道”——拓展思维品质、“火星轨道”——统筹“三全三商”、“木星轨道”——习得“四自四炼”、“土星轨道”——达成“五有五会”；他认为应该丰富课程实施形态，并根据各课程实施对象与范围的不同，将其分为两大类别，即基础性课程和选择性课程，探索区域内适合每个学生发展的课程实施——从基础到选择。[①]

上海市在国家课程结构的基础上，设置了基础型课程、拓展型课程和研究型学习课程三大类基本课程，拓展型课程和研究型学习课程关注的是学生综合素质的培养，更加注重学生综合运用知识的能力。[②]自2017年11月以来，上海市在16所小学（每区1所）先行试点小学低年级主题式综合活动课程，采用体验、探究、游戏等方式，为学生提供更多丰富的课程体验和活动经历。2018年9月，这一课程除了在黄浦区整体试点外，还将在上海市洋泾–菊园实验学校等全市15所学校推行。[③]

这些地区的经验和做法，各具特色，并且都取得了较好的效果。东城区在教育改革中，以青少年学生课内外教育需求为出发点，探索实施“蓝天工程”，对一切可利用的教育资源进行统筹、协调、整合、利用，创设没有围墙的课外校园。前面的研究都充分运用了区域教育资源，依据学生整体成长发展需求进行课程建设，只是学校教育资源通常是为学生群体培养而设计的课程，无法满足学生的个性化成长需求；而东城区实施的“蓝天工程”深入发掘社会资源，实现优质教育资源共享，只是距离课程转化还有一定的差距。因此，在学院制改革中，要进一步加强课程的顶层设计，完善课程体系建设，以满足学生多元化的学习需求。

① 参见张世善：《区域构建适合每个学生发展的课程》，《课程·教材·教法》2016年第6期。

② 参见包敏敏：《我国中小学校综合课程实施的现状与问题研究》，硕士学位论文，华东师范大学公共管理学院，2012年，第20页。

③ 陆梓华：《上海试点“小学低年级主题式综合活动课程”》，《新民晚报》2018年9月1日。

（四）已有研究对东城区学院制改革的启示

前面的研究中关于教育治理与课程建设方面的研究与实践为我们进行学院制改革提供了有益的经验，然而我们也发现，机制的创建、课程的建设、人才培养模式的创新、评价机制的研究等还存在发展的空间，我们需要通过对学院制改革与学院制课程的研究，建立学院制运行机制，规划学院制课程、创新人才培养模式与评价体系，以期为学生创设更为广阔的个性化成长和可持续发展的学习空间，使每个学生都能够发挥主体性、主动性，积极投入学习，充分发展自身的潜在能力，满足现代社会对于各类创新人才的需求。

1. 发挥区域政府的主导作用并建立长效机制

教育改革说到底是教育管理体制改革，无论是区域教育治理还是区域课程建设，区域政府部门都起着至关重要的作用。政策的支持、资金的支持均来自区域政府与教育主管部门。

2. 统筹区域多种社会资源，加强课程的顶层设计

作为具有悠久历史与广阔地域的文明古国，我国目前处在科技、经济高速发展的时代，我们的教育资源丰富而繁杂，既包括教育系统内部的，也包括社会上的资源。如何充分发挥教育资源的最大效益？再者，很多课程建设资料中都提出以学生为本，是否真的该以学生的兴趣为本？这是需要我们深入思考的问题。前面一些专家提出的基于素养的培养而加强课程顶层设计与结构创新的观点有助于教育资源在课程体系中发挥更大的效益，让课程建设为学生的成长需求和素养的形成服务。

3. 转变学习方式，让学生在实践体验中成长成才

校外教育终究有别于学校人才的培养，不具有强制性，因此在学习方式的选择上就显得尤为重要。中国古代书院自由开放的学习氛围，国外的

体验式学习方式与 STEM 课程学习都为我们提供了可借鉴的经验，然而这些并非拿来就能用，我们还需结合我国的国情与地方的实际进行本土化研究，使其发挥更大的效用。

教育公平的最终目的是发挥每个学生的主体性、主动性，使每个学生都能积极主动地投入到学习中，充分发展其潜在能力，获得教育的成功。人才培养模式的改革一直都在继续，东城区的学院制改革也要破除以往计划性的人才培养模式，更新人才培养观念，提升教育公共服务意识，尊重学生的主体性，尊重学生的选择权，积极为学生的个性化成长创造条件。人才培养，落地在课程。各省市、各区域、各学校都要重视课程建设，并以此为载体实施人才培养。东城区的学院制改革需要以学院基地学校、资源单位为基础，建立具有国际视野和课程开发能力、满足学生个性化成长需求的师资队伍，致力于构建科学的课程体系，不断满足学生个性化、多样性、可选择的人人成才的发展需求。

第二章　学院制课程供给模式的建构

一、学院制课程的供给主体

（一）“G+1+N+8+X”的组织架构

“G+1+N+8+X”是区域内通过改革组织机构设置、功能调整等举措逐步形成的学院制改革组织架构，也是学院制课程供给主体的组织架构（见图 2–1）。“G”是指由教工委、教委成立的学院制综合改革领导小组以及涉及改革的相关业务科室。业务科室在行政上对青少年教育学院进行管理与指导。“1”是指依托区域内教科研机构成立的青少年教育学院，是推进学院制改革和学院制课程建设的实体机构。“N”是指依托区域内少年宫、科技馆等校外单位及部分直属事业单位成立的文化艺术学院、科学技术学院、体质健康学院、国际教育学院、社会实践学院、法治学院、媒介素养学院等专业学院。“8”是依托区域内 8 个学区和职业教育学校成立的 8 个学区分院。“X”是指依托区域内外的学校、教育机构等成立的学校课程基地、资源单位。

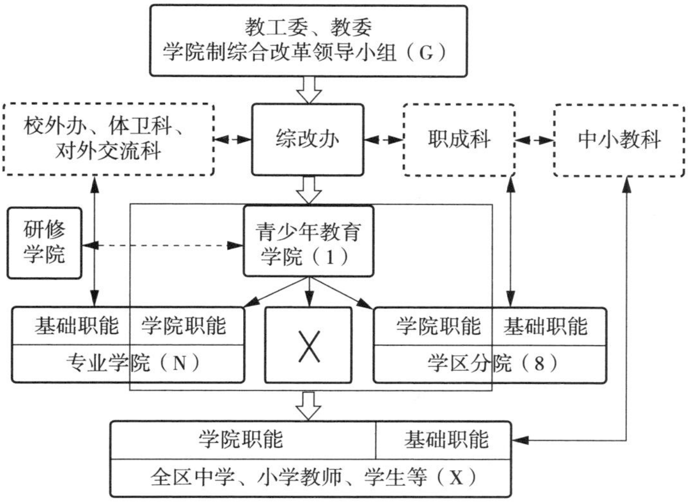

图 2–1　学院制课程的供给主体图

1. 青少年教育学院

青少年教育学院负责学院制课程的统筹管理，在区域层面探索“双师、双轨、双学籍”的育人模式构想，探索 12 年长链条人才培养机制的途径与方法。青少年教育学院内设管理中心、运行中心、监测中心（见表 2–1）。

表 2–1　青少年教育学院部门名称及主要职责

部门名称	主要职责
管理中心	负责制定青少年教育学院总体发展规划，统筹、协调学院发展，并负责下属学院和分院、课程中心、实践基地和资源学校的日常协调管理工作。同时，负责学院专家、教师等人力资源管理工作，逐步建立一支具有国际视野、有较强课程开发能力的、能较好满足学生个性化成长需求的学院师资队伍。
运行中心	负责统筹青少年教育学院课程的引进、研发、制作；统筹协调课程的实施；统筹网络学习体系建设，搭建青少年教育学院学生选课网络平台；负责学院选课平台建设以及学区分院、课程中心、实践基地的信息化等工作；负责青少年教育学院课程安排、组织网络平台选课、协调学生上课方式安排等工作；负责组织学院课程的教研及与课程开展有关的课题研究。

续表

部门名称	主要职责
监测中心	负责对学院的课程、师资、课程中心、实践基地、下属学院和分院的课程管理、评价和审核，承担评价专家组和资源库的管理工作。 负责制定课程监测与评价制度、标准，建立专家型评价团队，负责对青少年教育学院下属的专业学院、学区分院、课程中心、实践基地等所承担的学院制工作进行评价、检查。 及时掌握学院课程、教学动态，总结督导与评估工作，对学院的人才培养质量、课程建设质量提出分析性建议和对策；不定期向学院领导及相关职能部门提供课程、教学简况或调研、考察报告等，为学院课程、教学工作政策和措施的制定提供参考；协助构建青少年教育学院学院制课程体系与课程资源库。 实施课程质量管理；建立学院课程评价与质量监控体系，负责对青少年教育学院所实施的课程进行督导、监控与评价，为学院课程质量建设提供数据和评价支持，为学院精品课程、课程体系建设提供保障。 追踪学员成长，对课程实施过程进行评价反馈，探索 12 年学生成长评价机制的建立。 建立优质课程绩效评价制度；构建学院课程准入与退出的机制和标准。

2. 专业学院

青少年教育学院下设的专业学院包括青少年科学技术学院、青少年文化艺术学院、青少年体质健康学院、青少年国际教育学院、青少年社会实践学院、青少年法治学院、青少年媒介素养学院等专业学院，它们能将校外教育与中小学教育更紧密地融合在一起。在整合区域优质教育资源的基础上，专业学院数量逐渐增多。专业学院分别依托东城区科技馆、少年宫、保健所和国际交流中心、青少年课外活动指导中心、职工大学等区域内校外单位与直属单位成立，发挥各自的专业组织能力与培养能力，为学生开发专业课程，引入专业教师资源，探索创新人才培养方式。此外，各专业学院在青少年教育学院的统筹下，联合资源单位、基层学校搭建区域交流与展示的平台，以自身课程体系为基础，通过挖掘、集聚、拓展、统筹学校、市区、国内外优质社会资源，着力建设满足学生个性培养、可持续发展的“万、千、百、十”四级课程体系，即一万个向全体学生开放的可供学生选择或者教师加工的资源普及项目，一千门长短结合、以实践为基础的特色课程，一百个国际国内重点资源直培课程，十个国际国内英才培养基地和特色游学课程。

3. 学区分院

青少年教育学院以区域内的学区制管理为基础，下设八个学区分院，旨在将职业教育融入中小学教育中。各学区分院分别依托学区内的职业教育资源，开设职业体验类、社会实践类课程，根据学院制课程整体发展规划和自身优势，结合中高考改革需求，开发学区分院的课程，提供青少年教育学院课程实施所必需的硬件及服务支持，为学区内的中小学生服务。

4. 学院制课程基地及资源单位

区域内的中、小、职等具有优质课程资源的学校均可成为区域内青少年教育学院课程基地及资源单位。高等院校、科研院所、科普场馆、博物馆、企业、社会团体等各类单位，在自主申请的基础上，经过青少年教育学院的审核，也可被认定为学院制课程基地及资源单位。课程基地与资源单位按照青少年教育学院的课程计划安排，专门负责学院制课程建设，制定工作方案，为选课学生提供必要的学习场所、学习器材、安全保障等服务，负责做好学生的课程学习记录，确保学生的课程学习质量。有能力的课程基地及资源单位可根据学生的需求进一步研发课程，通过青少年教育学院的审批后进一步丰富课程基地及资源单位的课程科目。

（二）学院制课程供给主体间的合作共治

在教育科研机构、中小学校、社会机构、科研院所、企业等众多主体组成的组织同盟中，课程权力属性不再是来自教育行政部门的绝对权，也不是根植于某个法人单位的绝对权，而是课程在区域内的一种课程共治。青少年教育学院作为学院制课程的统筹机构，是依托教科研部门成立的非法人实体机构，承担学院制课程建设的公共管理职责。“1、N、8、X”各自为独立法人单位，由它们共同形成的“G+1+N+8+X”组织架构是没有绝对权力的课程管理组织，这种组织形态的运作方式与欧盟相似，青少年教育学院的职责与欧盟理事会作用相似，各专业学院、学区分院、课程基地如欧盟成员国。没有绝对课程管理权力的课程管理组织，制定规范的体制运行方式，实现课程共治，是体制得以发挥育人作用的重要保障。

“开放式协调法”（The Open Method of Coordination，OMC）是欧盟社会政策制定与实施的基本框架，这种共同体社会政策改变了发布指令、制定法规、强迫成员国执行的管理手段，取而代之的是基于标准，在尊重差异的基础上，形成趋同行动模式的开放协调式管理模式。基于这一公共政策理论基础，学院制课程在建设中形成了包括“两条原则”、“四个方面”和“十二个环节”的开放协调式体制运行方式。

课程共治的运行过程分为决策、执行、评估、改进四个方面，遵循两条基本原则（见图 2–2）。其中，决策与执行两个方面遵循的基本原则是尊重各参与主体的差异性，通过宽标准准入，保证各参与主体的积极性，从而保证课程实践的开放多样态。其中，决策环节的运行流程分为提出议事内容、按照议事制度讨论议题、形成决策三个方面。青少年教育学院负责制定议事制度、成立议事领导小组以及组织召开议题讨论会。在执行方面，各主体明确各自的目标后，制定工作方案，并根据分权赋能的具体内容履行在课程建设中的职责。

评估与改进的基本原则是以引导优势实践为主线，通过对实践进行评估，形成最佳实践，推广最佳实践，引导各实践主体向最佳实践“看齐”，在不同类型的最佳课程实践中总结提炼具有趋同价值的“行为模式”，螺旋式提升课程质量。青少年教育学院在评估方面要制定相关评估标准，组织实施评估并撰写评估报告，将报告通过会议、文本的形式向全体课程建设参与者公布。在评估过程中发现一个或多个课程最佳实践并进行总结推广，是课程共治的最后一个方面，是课程运行一个循环后的终端，也是下一个循环螺旋的起点。

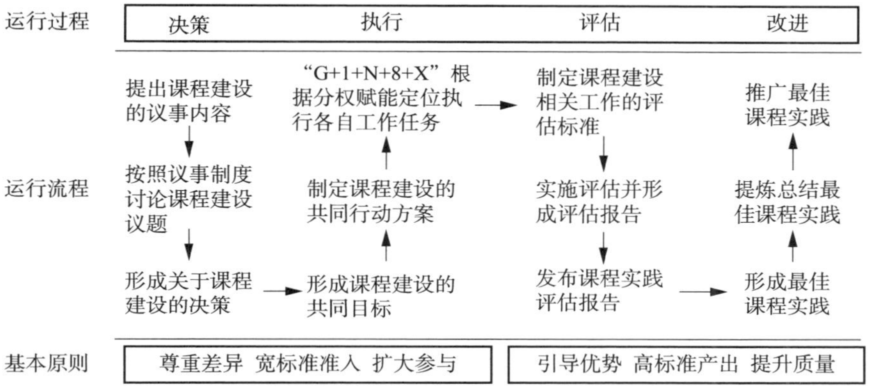

图 2-2　学院制课程“开放式协调法”的运行机理

二、学院制课程供给的整体架构

（一）学院制课程的性质

学院制课程以区域内学生全面而个性化的发展需求为出发点，为学生提供十二年一贯的可选择的课程。学院制课程是学校课程的重要组成部分。

学院制课程是综合性、实践性课程，是国家、地方、校本三级课程拓展和深化的支持型课程。学院制课程应引导学生在真实的知识运用情景中，通过综合课程及开放自主的实践活动，加深对知识的理解，发现知识与生活的关联；同时，提升综合思维品质，培养学以致用的实践能力，培育创新精神，以课程的宽度和教育的深度，促进学生发展核心素养的落地。

学院制课程应使区域内所有学生在义务教育、普通高中教育的基础上，进一步提高综合素养与实践素养，为学生适应社会生活、高等教育和职业发展做准备，为终身学习和全面而有个性的发展奠定基础。

（二）学院制课程的建构理念

1. 坚持立德树人，充分发挥学院制课程的育人功能

学院制课程是为区域内教师与学生提供的可供选择的课程，其中包括教师培训课程。教师培训课程以提升教师的课程领导力为目标，在促进教师专业发展方面发挥应有的培训价值。学院制课程引导学生积极参与社会实践活动，学习认识自然、认识社会，学会认识自我、规划人生，在促进学生个性发展方面，发挥应有的育人功能。

2. 围绕学生发展核心素养，促进学院制课程内涵发展

学生发展核心素养，主要是指学生应具备的、能够适应终身发展和社会发展需要的必备品格和关键能力，是学生的知识、技能、情感、态度、价值观等多方面的综合表现，是学生终身发展和社会发展都需要的、不可或缺的共同素养。

学生发展核心素养的提出，使得课程价值的实现方式从关注学习结果转向关注学习过程。实现课程价值，需要多种方式相互联合、有机统一，形成具有内在机制的支持系统，从而达成课程价值实现的延续性、持久性和广泛性。

学院制课程既要关注知识的外显功能，也要重视课程的隐性价值；既要让学生感悟、体验、经历具有启示性、陶冶性、职业性的学习实践活动，也要逐渐完善多方要素参与的综合化与内化的学习过程。

3. 关注时代需要，构建开放的、可选择的、多样态的学院制课程

学院制课程应适应社会对人才的多样化需求和学生对学院制教育的不

同期待，精选学习内容，变革学习方式，帮助学生认识自己的现有基础、发展需求和方向，激发学习兴趣和潜能，在综合课程的学习和实践活动的开展中开阔视野，在更宽广的选择空间里发展各自的特长和个性。

（1）学院制课程是开放的

学院制课程在资源利用上具有开放性，它整合了社会上开放的资源、教育领域的课程以及社会机构的课程。学院制课程的实施主体是开放的，授课教师来自中小学校、专业学院、学区分院，也有社会资源单位的专业人员。学院制课程的评价也是开放的，主要采用了外部监测与内部评价相结合的方式。

（2）学院制课程是可选择的

学院制课程对于需求主体学生而言是可选择的，以满足学生多样化和个性化的需求；对于利用方（学校）而言是可选择的，学校可以根据办学特色有针对性地选择平台上的课程门类或系列；对于课程提供方而言也是可选择的，学院与课程提供方是课程开发和提供协作体，提供方可选择提供和开发什么样的课程，学院准入后便成为学院制课程。

（3）学院制课程是多样态的

学院制多种类型的综合课程和实践课程，众多资源主体共建共享的运行机制，保证了学院制课程的丰富多样和系统连贯，最大限度地回应了学生的个性化发展需求。

（三）学院制课程的培养目标

通过对 21 世纪学生发展核心素养进行分析，人的整体形象可以被概括为：具有自我实现和发展动力，乐于发展自身兴趣，有生活热情和终身学习的愿望；具有公民的责任感，个人以公民的身份参与社会进步；具有适应时代变化的劳动技能及创新创业能力，有能力参与劳动力市场并推动社会进步。学院制课程旨在以提高“人”的整体形象为培养目标，在此基础上为学生提供多种发展可能。这里的“人”主要包括学习者、探究者、行动者、创造者、自我管理者、领导者。

（1）学习者：掌握适应时代发展需要的基础知识和基本技能，丰富人文积淀，发展性思维，不断提升人文素养和科学素养，敢于批判质疑，探索解决问题，勤于动手，善于反思，具有一定的创新精神、实践能力，具有强烈的好奇心、积极的学习态度和浓厚的学习兴趣，能够自主学习、独立思考，形成良好的学习习惯和适合自身的学习方法，学会获取、判断和处理信息，具备数字化时代的学习能力与发展能力。

（2）探究者：发展自己天生的好奇心；使积极主动、热爱学习的品质伴随一生；不畏困难，有坚持不懈的探索精神，敢于大胆尝试，积极寻求解决问题的有效方法。

（3）行动者：愿意参与解决生活和学习中所遇到的问题，能够分析形势，吸收和整合资源，解决实际问题；积极参与社会生活实践，促进个人成长。

（4）创造者：能够综合、独立地思考，具有运用已有的知识、信息、技能和方法提出新观点、新想法的思维能力；充满好奇心、想象力，敢于冒险，对不熟悉、不确定的未来充满憧憬，愿意且有合适的方法探索未来。

（5）自我管理者：能够清晰地认识与评估自己，能够依据自身个性和潜质选择适合的发展方向管理自己；能够合理分配和使用时间与精力，制订个人计划并严格执行，具有达成目标的持续行动力；坚持锻炼身体，养成积极健康的行为习惯与生活方式，珍爱生命，体魄强健，自尊、自信、自爱，坚韧乐观，奋发向上，具有积极的心理品质。

（6）领导者：能够以恰当的身份与他人交流想法，给他人建议并肯定他人，影响和引导他人朝着共同的目标努力；具有团队合作的大局意识，能够通过合作、协调来解决问题。

前述“人”的整体形象具有四个方面的突出素养，即责任担当意识、交流协作能力、审美情趣和国际视野。

（1）责任担当意识。即具有自主、主动的意识，有对自我和他人负责的意识；具有规则与法治意识，行动富有责任心，维护社会公平正义；具有家国情怀，能认识到家庭与国家的关系，自觉维护国家利益；保护环境，具有生态文明意识。

（2）交流协作能力。能够以书面或者口头的形式自信地、富有创意地交流观点或信息；与他人建立良好的关系，能够高效、愉快地与他人合作。

（3）具有审美情趣。理解并尊重多元的文化艺术，具有发现、感知、欣赏美的意识和基本能力，在生活环境中展现美学涵养，具有艺术表达和创意表现的意愿。

（4）具有国际视野。具有全球意识和开放的心态，能够尊重世界多元文化的多样性和差异性，具有国际交流能力，且有意愿积极参与跨文化交流。

三、学院制课程的开发

（一）学院制课程开发的总体思路：设计学院制课程任务群

学院制课程开发的总体思路是从义务教育阶段和高中阶段的学习规律出发，以学生的实践为主线，以综合素质的提高为目标，设计学院制课程任务群。

学院制课程任务群的内容设计体现了学生的学习需求。学院制课程任务群由综合素养和探究主题集群构成。综合素养集群由学术启蒙课程、创意启蒙课程、职业启蒙课程构成；探究主题集群由文化参与课程、学科融合课程、社会实践课程构成。每个课程任务群都有相应的价值追求、目标与内容。学院制课程任务群会随着社会发展以及学生需求有所增减和完善，它以自主、合作、实践、探究学习为主要途径。

基于东城区核心功能区的定位、东城区均衡优质发展的教育需要和学生全面而个性发展的需求，学院制课程的整体结构主要集素养型课程、方法型课程、问题型课程于一体，更多地表现为综合、实践、跨学科的学习任务群。学院制课程结构具有一定的变通性，既要适应社会发展需要，呈现出区域文化特点，也要适应学生的个性差异需求。学院制课程任务群，以提高学生的个性需要、实践能力和综合素养为目标。它打开了学校围墙，打破了学科壁垒。

课程任务群 1　学术启蒙课程

1. 价值追求

学术启蒙课程扭转了教育过程的极端功利化，破解了人才素质结构的单一化。这一课程引领学生主动探问、究理，在探究中有所感悟、有所发现。它倡导学生在关联学习、多维学习、跨界学习的过程中进行深度学习，强调情感与行为高投入的钻研精神。

2. 目标与内容

（1）选择阅读简明易懂的自然科学和社会科学类论文，领会不同领域科学与文化的内容，培养科学严谨的学习态度。

（2）掌握一些研究方法，如问卷调查、访谈、文献检索与综述、自然观察、分类、取证、实验、数据分析、行动研究等，促使学生深入思考。

（3）了解深度学习的一些方式，如研究性学习、微课题研究、实验研究、项目式学习、学术交流活动等，培养学生的研究品格。

（4）尝试撰写学术论文，进行学术交流活动，发展学生的学术素养。

课程任务群 2　创意启蒙课程

1. 价值追求

创意启蒙课程是通过启发学生的创意直觉，使学生在认识、体验、实践的学习过程中，走出思维定式，让所学知识活力化，从而提高学生创造的主动性，提升学生的创意能力，培养学生的创新思维与创新能力。

2. 目标与内容

（1）开设文化实践、科技探索、创意搭建、工程设计等综合课程，培养学生的创意思维。

（2）通过丰富的科技、文艺活动培养学生的批判性思维、创新性思维等创新品格；为学生创设自主设计、实践探索的环境，并提供相应的课程支持，在参与科技、艺术等活动中，培养学生的观察力、鉴赏力、想象力、实践力、创新力，做到在探究实践活动中大胆创新。

课程任务群 3　职业启蒙课程

1. 价值追求

职业启蒙课程引领学生了解职业的多样性，帮助学生开启职业兴趣、培养职业意识、认知职业内涵、规划职业生涯，提升学生的综合素养，为学生职业生涯发展奠定基础。职业启蒙课程是学生发展的理性需要，是社会发展的内在需求。

2. 目标与内容

（1）分段式课程目标与学习方式

职业启蒙课程在培养目标与学习方式上呈层级递进关系，分为小学、初中、高中三个层次。

小学阶段的学生处于职业启蒙教育的陶冶期，其特点是对职业认识模糊，不清楚职业的分类与要求。通过模仿体验等活动，学生知道有不同种类的职业，唤起其职业兴趣，促进他们对职业的感知。

初中阶段的学生处于职业启蒙教育的感悟期，其特点是对职业有广泛的兴趣，能够知道职业的差别，但是缺少具体的了解。通过感悟体验等活动，学生得以感悟职业的魅力和特点，了解不同职业的要求，感受职业乐趣，并能够初步进行自我评估，促进对职业的认知。

高中阶段的学生处于职业启蒙教育的探索期，其特点是身心趋于成熟，视野开阔，对职业的认识水平逐步加深，但是对自己的职业选择不够明确。通过研究体验活动等，学生能够主动分析自己感兴趣的职业，初步明确自己的职业倾向，描绘发展路径，领悟职业价值，逐步树立职业理想，促进对职业的探知。

（2）职业启蒙课程类别

目前，职业启蒙课程有八大类别，即农林牧渔类、交通运输类、信息技术类、医药卫生类、财经商贸类、旅游服务类、文化艺术类、公共管理与服务类。

课程任务群 4　文化参与课程

1. 价值追求

引导学生关注和参与文化生活，学习如何剖析和评价文化现象，积极参与先进文化的传播和交流，增强文化自信。

2. 目标与内容

（1）开展中华优秀传统文化主题交流、文化体验、实践活动等，增强文化自信，理解、认同、热爱中华优秀传统文化，继承、弘扬中华优秀传统文化。

（2）参与当代文化生活，提高对各种文化现象的认识能力和阐释能力；参与文化公益活动，增强社会责任意识。

（3）建立读书会、新闻社等各类文化学习共同体，在阅读、调查中拓展视野，培养多方面的学习能力。

（4）利用家庭资源以及图书馆、博物馆、文化馆、美术馆、名人故居等，通过实地考察，研究社会生活中的文化现象，深化对文化现象的认识。

（5）以中华优秀传统文化为基础，融入国际文化元素。借助文化展板、校刊校报等多种媒体形式，组织“地球村”“外交官”等文化活动，营造多元文化氛围，培育学生对不同文化的认同与理解，培养适应未来竞争的国际化人才。

课程任务群 5　学科融合课程

1. 价值追求

学科融合课程注重学科之间的横纵向联系，关注学科课程之间知识的融通，避免分科知识的片面性和碎片化，以提高学生跨学科发现问题、解决问题的综合能力，提高其学习效率，增强其学习意义。学科融合课程既有利于促进学生的个性化发展，又有利于学生多元智能的发展，最终提升学生的整体认知思维水平。

2. 目标与内容

（1）实施跨学科课程

在实际生活中，人们接触或面临的事件往往是不分学科的，是超越教科书范畴的。在课程实施过程中，可以进行学科渗透与跨学科课程群的实践。

学科渗透是将某个学科或某个元素的教育内容，渗透到其他学科之中的教学方式。比如，将中华优秀传统文化渗透到各个学科，将茶文化渗透到人文学科。

跨学科课程群可以依据教师的教学现状及学生的学习需求，围绕“同一主题的课程群搭建”或“学科综合侧重一科”的跨学科融合模式进行实践。比如，生物课与劳动技术课的融合。人文学科跨学科课程群搭建，可以按照文化主题设计，从形式上看是“分科”的，但在内容安排上是紧密配合的。例如，学习英国文化这一主题时，语文课可以从莎士比亚讲到英国文学，英语课可以讲英国的风土人情，地理课可以讲英国地理，美术课可以讲英国名画，音乐课可以讲英国名曲，等等。这种跨学科课程群模式，不仅加强了各学科之间的联系与配合，还避免了教学内容的重复。

（2）在研学旅行中实施有预设的课程融合

研学旅行，就是依据研究性学习的特点与知行合一的学习需求，通过集体旅行的方式让学生走出校园，拓展视野、丰富知识，加深对自然和文化的亲近感，培养学生在行走中发现问题、解决问题的综合能力，实现行走过程中的学科交叉、碰撞，在“动态”中完成学科融合。有预设（有任务清单）的研学旅行，是有效的动态生成的学科融合课程实践活动。

（3）借用社会资源，通过专家引领，实现学科的高端融合

东城区充分利用北京首善之区的文化优势，借助科研机构及大学的“通才”，通过讲座、沙龙、对话等多种形式，打通学科肯綮，不着痕迹地实现学科在深度与广度上高度融合。

课程任务群 6　社会实践课程

1. 价值追求

社会实践课程引导学生运用各门学科知识分析解决实际问题，使学科知识在社会实践课程实施的过程中延伸、综合、提升，培育学生在社会实践中发现问题的能力，以及运用相关学科知识进行综合、深入分析问题的能力，培养学生的社会责任感、创新精神和实践能力，增强课程的育人效果。

2. 目标与内容

（1）借助社会调查等研究性学习的形式，强调学生的探究和创新意识，发展学生综合运用各学科知识的能力。

（2）根据社会实践课程的需要，结合东城区核心功能区的定位，选择性地利用《中小学综合实践活动课程指导纲要》推荐的152个主题活动，比如，国家安全教育、法治教育、环境教育、海洋教育、社区服务等，使学科知识在社会实践课程中得到有效运用。

（二）课程开发的原则

多尔将课程范式分为现代范式和后现代范式。现代范式是封闭的，后现代范式是开放的，从这个角度分析，学院制课程呈现的是一种后现代范式的样态，即注重课程的建构性和非线性，而不是封闭的结构性。基于这种后现代课程观，其开发应遵循以下原则。

1. 课程来源具有开放性

学院制课程不是依托一所学校的资源与教师开设的，它与学校课程的区别是课程来源的开放性。开放性就是指“让全区的所有教师成为所有学生的教师，让全区所有的学生成为所有教师的学生”。从课程开发单位看，学院制课程较学校课程，可利用的资源更开放；从课程开发教师的来源及专业背景看，学院制课程教师涉及专业学院、学区分院的专业老师，或部分中小学校的优质课程授课教师，还有多家资源单位的专业授课人员，而学校课程师资只涉及校内教师或极少数校外教师，开发的课程大多也是学科教师的兴趣或专长领域。

2. 课程内容具有多元性

多元的课程内容体现在课程层次和领域两个方面。一个是从课程层次上进行区分，学院制课程具有三个课程层次，即基础性课程、拓展性课程、提升性课程，可满足学生不同层次的需求。基础性课程是面向东城区全体学生的，以普及性教育为主。拓展性课程是面向东城区大部分学生的，依据学生的差异化发展需求而设置。提高性课程是面向东城区部分学生（20%—40%）的课程，学生通过在某一领域连贯性的学习，实现扬长式、个性化发展。另一个是从课程领域上进行区分，涉及人文艺术、科学技术、体质健康、国际交流、职业体验、法治等领域。

3. 课程实施具有实践性

博比特认为课程的意义有两种：一是整个的经验，既包括无指导的，也包括有指导的，都旨在拓展个体的能力；二是在一整套有意识的指导下展开的训练经验，学校使用这套经验，使学生个体能力的施展变得充分而完美。但是，学校课程通常采用它的第二个意义。他认为，两者的结合才能是人类能力、习惯、知识结构等的全部范围，即一个人必须具备的一切。他的观点从全人的发展出发，来阐述学科课程的局限性，阐述作为经验的、活动的课程的重要性。他也提出，随着教育越来越多地被视作经验，在普通的社会生活中，工作经验和游戏经验都在被越来越多地使用，两个含义之间的界限也逐渐消失。学院制课程作为综合性课程，正是弥补学科课程不足，从学生全面而有个性发展的角度出发，让学科课程更宽广，让教育更圆满的一种课程。

无疑，学院制课程作为一种非学科视角的课程样态，其意义界定更接近博比特所说的第一种意义。其实践性，一方面，从理念上应该让学生主动参加，自主设计活动方案，自主解决问题，发挥学生在课程实施中的主体作用，教师要鼓励学生大胆想象、探索和求新，提高其创新精神和能力；另一方面，从开发与实施上，要注重学习内容的实践性开发与设计，注重学生在课堂上的实操性，即“做中学”。

（三）课程开发的流程

依据斯基尔贝克、塞勒等人对课程开发的理论建构，学院制课程作为区域性课程，它的开发分为两条主线：一是区域层面基于整合优化资源的课程群开发，二是基于精品课程供给的特色系列课程开发（见图 2–3）。

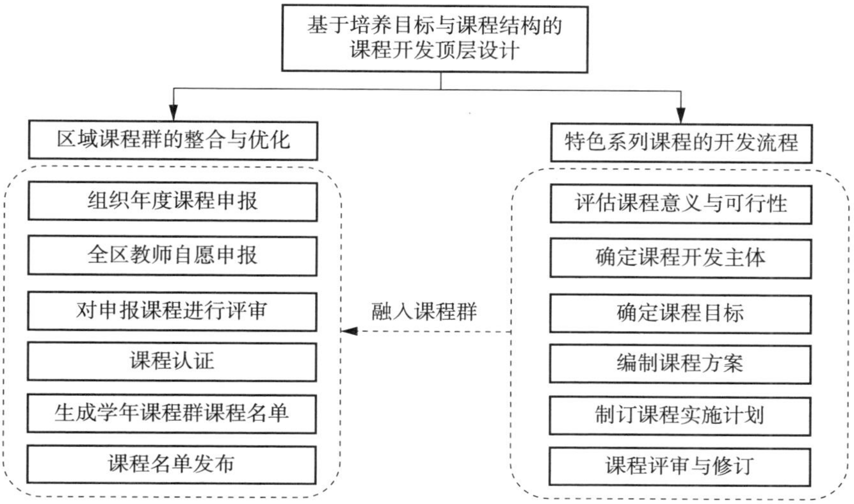

图 2-3 学院制课程开发设计结构图

学院制课程群的建设是基于区域内专业学院、学区分院及部分已有课程资源单位的已有课程开展优化与整合的，已有的“N”“8”“X”课程群，是学院制课程的“1.0”版本。在此基础上，学院制课程群根据学院制课程目标和六大课程群结构进行课程的优化与整合，形成了学院制课程的“2.0”版本。在课程群的数量基本满足区域内学校与学生的需求后，课程开发的重点从结构性开发走向精品化开发，与高校、科研院所等机构合作开设的面向拔尖创新人才、专业人才培养的特色精品课程研发成为学院制课程开发“3.0”版本的重点任务。因此，学院制课程内容的形成过程其实包含两个流程，即课程整合与优化的流程和特色课程的开发流程。其中，区域课程的整合与优化流程是：组织年度课程申报—全区教师自愿申报—对申报课程进行评审—课程认证—生成学年课程群课程名单—课程名单发布。对现有课程的管理重点是内容的整合和质量的优化。特色课程的开发流程是：评估课程意义与可行性—确定课程开发主体—确定课程目标—编制课程方案—制订课程实施计划—课程评审与修订。之后，我们需要将由特色课程开发而形成的课程并入区域课程群中，进行持续的整合与优化。

学院制课程作为区域课程，既承载着区域内优质课程的整合功能，也承载着优质课程的开发功能，在开发过程中与社会实践基地单位、高等院校、科研院所、教育机构及中小学校开展不同形式的合作，形成了三种课程来源与相应的开发类型。

1. 基于区域内优质课程的转型升级

转型是指区域内学区分院把职业教育资源转型为基础教育服务，将专业学院的资源更好地融入中小学校课程。升级是指学校课程升级为学院课程。学院制课程中的大部分课程都是由专业学院与学区分院提供的，课程数量占到总课程的 70%—80%。学院制课程作为改革的产物，其功能之一就是打破校际课程的壁垒，让更多的优质资源实现辐射，促进课程供给的均衡，即将学校课程转型升级为学院课程，使受众人群从校内学生变为区内学生，授课教师从一人授课变成多人授课。

这类课程基本上是独立开发的，即由专业学院、学区分院及中小学校通过本校资源，由区域内的教师进行开发的。例如，八个学区分院根据职业教育的财会、厨艺、信息技术、设计等师资，向全区中小学生提供了相应的烘焙、中华小厨艺、学理财、插画与广告设计、PPT 制作、机器人等几百门课程，构建了适合东城区学生的职业启蒙课程体系。

2. 基于资源的开发

课程资源是指形成课程的要素来源以及实施课程的必要而直接的条件。通常所说的课程资源既包括知识、技能、经验、价值观及培养目标等方面的课程要素条件，也包括人力、财力、场地、设备、环境等实施条件。学院制课程正是基于对课程资源的有效利用，逐渐呈现开放、多元的样态。学院制课程开发中基于资源的课程开发，主要是指基于教师资源、教学设备设施与场地资源两类。例如，利用某学校游泳馆为学区内学生开设游泳课程，利用故宫、国子监等资源单位开设学院制课程，利用社会专业机构资源开设学院制课程等。

这类对资源依赖程度较高的课程，基本上属于委托开发或联合开发的类型。委托开发也就是通过购买专业机构或社会办学机构的专业设备、专门课程或专业师资而引进的课程，主要是解决区域内有学习需求但没有学习资源的问题。青少年教育学院、专业学院、学区分院中部分面向全区学生招生的精品特色课程都属于委托开发课程。例如，青少年教育学院的化海起航、信息素养、绘画艺术、书法艺术、阅读素养课程，体质健康学院的冰雪、高尔夫球、击剑等课程，国际教育学院的俄罗斯历史文化、中国传统文化对比之两岸故宫等课程，以及学区分院创意类设计与制作的初、中、高级系列课程等都属于委托开发课程。

3. 基于需求的课程开发

学院制课程中还有些“定制开发”课程，这类课程是学校根据自己的特色发展目标和学生的需求向专业分院或学区分院专门“定制”的课程。例如，某学校基于自身的特色数学课程群建设向学区分院定制了“珠心算”等课程；某学校在建设自身课程体系的过程中，借助专业学院和学区分院完善了课程群建设；某学校在青少年教育学院的支持下定制研发的“京剧课程”系列，逐渐发展成了学校的特色课程。

四、学院制课程供给的机制与路径

学校课程资源的局限性，主要是课程拥有权与使用权的封闭造成的。优质资源无法在校际流动，就会产生优质课程资源相对浪费与相对不足的矛盾，影响学生全面而个性化的发展。学院制课程建设的体制创新，让不同性质、不同渠道的主体参与到课程建设中来，形成多种课程辐射与共享的机制与路径。

在新的课程管理体制中，区域内优质课程的使用权从校属转化为区属，区域外的资源得以孵化或引进，以实现优质课程资源的流动与辐射，进而提高区域对课程资源的整合能力和利用率。区域内课程拥有权与使用权通过三种方式实现校属向区属的转换：一是将某所学校的优质课程通过准入程序升级为区域选修课程，供全区学生选择并学习；二是通过区级培训将某所学校的优质师资辐射到全区，让全区更多的教师具有开设优质课程的能力；三是将一些拥有优质教学场馆、教学设备、专业教室的学校或单位纳入课程基地中来，实现这部分资源的区域共享。区域外的优质资源则通过直接购买、合作开发、委托开发的方式被引入到学院制课程体系中来（见图 2–4）。在对资源进行多种方式的整合后，区域内开始构建学院制课程选课平台，学校及学生可以根据需求，通过学校团体选课、学生个人选课的方式进行选课。

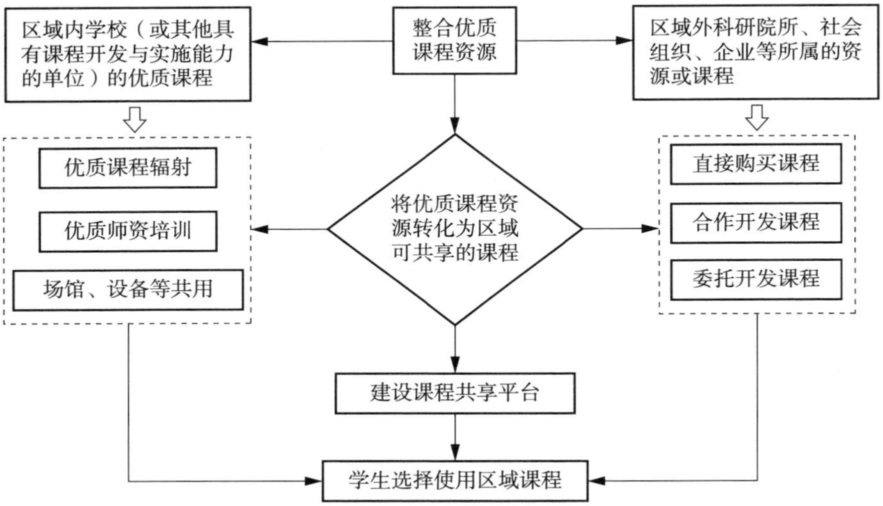

图 2–4　学院制课程的区域共享

（一）学院制课程供给的机制

1. 动力机制

作为衔接与补充国家课程、校本课程的课程资源供给样态，学院制课程资源有效利用的动力机制建设是保证学院制课程资源始终具有可持续发展动力和可行性价值，也就是发挥好学院制课程资源的不可替代作用。这种作用的形成主要是通过共享驱动与激励驱动实现的。

（1）共享驱动

与学校课程资源相比，学院制课程资源独特的驱动点在于均衡驱动，即把优质课程在全区范围内进行推广和辐射，打通资源供给渠道，让原本只供个别学校享用的优质课程变成区域内更多学校甚至全区学校共享的课程。要实现这种驱动，一是要规范优质课程的准入标准，明确辐射内容与方式；二是要建立学院制课程可选择、可共享的平台，具备优质课程从一校供给到多校的载体。

（2）激励驱动

激励驱动机制是为了提高学院制课程的质量，实现课程的高水准供给。在学院制课程建设的教学、学生学习、课程管理、课程研究等工作中，可以针对教、学、管、研采取不同的激励机制，比如优秀教案评选、学习成果的展示、表彰先进、课题征集与评选等，使激励机制变成课程建设的驱动力。

2. 合作机制

治理理论强调政府向不同参与治理的主体进行授权，授权是多主体之间关系形成的关键要素，它决定了多方实现合作的途径。在学院制课程建设中，合作机制建立的目的是保证不同的参与主体有参与课程开发与实施的愿望，并寻找他们之间对话协商的方式，还要对由授权不均引发的矛盾进行缓冲。因此，这种机制的主要内容包括多主体参与、对话协商、第三方缓冲。

（1）多主体参与

在学院制课程建设中，根据参与主体性质的不同，会形成两种契约联结：一是区域内优质资源的拥有者在没有行政与人事制约的前提下，与学院制课程建设之间形成的松散的非正式契约联结；二是社会教育机构、科研院所与机构作为课程服务的提供者，与学院制课程建设之间形成的以购买服务为主要形式的紧密契约联结。基于这种现状，在广泛参与机制建设中要充分考虑不同主体之间契约联结的特点，首先要借助政府的行政力量鼓励更多区域内的优质课程拥有者参与课程建设，其次要通过完善购买服务的标准与流程来规范正式的契约联结，提高多主体参与的积极性。

（2）对话协商

学院制课程建设的主体，是由政府行政部门、教研机构、社会教育机构、中小学校等组成的一种开放协调式的多主体联盟。因此，多主体间对话协商机制的建立，是确保课程建设顺畅运行的重要机制。对话协商机制的建立有两种方式：一是可根据工作主体的关系构成，建设常态化对话协商机制。例如，成立课程建设管理委员会，建立决策与议事机构，制定议事制度，搭建会议、研究等协商平台。二是可根据专项工作建立短期应急对话协商机制。例如，在课程建设的重大活动或阶段性重要事项中，成立专项小组，仅用于完成专项工作。

（3）第三方缓冲

在学院制课程建设的一系列授权与评判过程中，由于各学校、各机构提供的课程资源样态与方式存在较大异质性，这就导致在同一标准下进行授权与评判比较困难，进而造成不同学校之间、不同机构之间产生差异性冲突。因此，第三方缓冲的机制，就成为协调、平衡多主体间异质性的重要手段。要充分发挥第三方评审机构、科研院所等机构的中介作用，缓冲政府、学校、家长、学生、社会机构在课程开发、实施、评价及课程管理过程中可能产生的直接对立与冲突。例如，在课程建设标准的制定、评选评估事项上，要充分考虑主体间的差异性，借助第三方机构形成科学规范的理论与实践依据，客观公正地推进各项工作。

3. 监控机制

学院制课程资源的多主体特征使课程呈现出多元化与差异性。监控机制是保证差异性不偏离标准与质量的重要支撑，也是促进课程建设形成良性循环的重要环节。监控机制的主要内容包括评估、反馈与改进。

（1）评估

学院制课程资源利用的评估面临的首要问题是“谁来评”。学院制课程资源有效利用的评估分为两个层面：一是由区域行政部门、区域教科研部门、第三方社会监控机构中的一方或多方合作对学院制课程资源利用进行全面评估。二是在课程实施过程中，由学校、教师或其他社会机构授课方对具体课程进行评估。不管由哪一方来主导评估，从课程开发、实施、评价、管理四个方面分类建立课程评估标准与指标，既是对学院制课程资源进行整体评估的基础，也是建立监控机制的核心任务。在评估方式上，要综合运用形成性评价与总结性评价，既采用集中问卷与访谈的形式进行总结性评价，又采用观察、展示等多种方式进行形成性评价。

（2）反馈与改进

反馈与改进机制的建立，是课程实施现状诊断与课程目标之间的“沟通桥梁”，它虽然是评估过程的最后环节，却能为课程建设实现良性循环的新开始注入动力。反馈机制的建立包括基于目标的反馈和基于问题的反馈，反馈机制的核心是评估报告的发布与研讨。反馈的实施主体是评估方，而反馈后的改进主体却是被评估方，也就是课程的开发、实施、管理的具体实施者。改进的有效方式是基于评估和反馈内容提炼改进问题，通过制定政府、教科研机构、学校、社会机构、教师、学生等不同主体在课程建设中的改进任务书，促进不同主体形成自我改进的“小循环”，最终实现整个学院制课程建设的良性发展“大循环”。

（二）学院制课程供给的路径

教育部《关于全面深化课程改革　落实立德树人根本任务的意见》规定："各地可通过购买服务等方式，引导学校、科研院所、社会机构等开发服务于学生的优质教育资源。地方各级教育行政部门要整合区域内各种优质教学资源，建设共享平台。"基于此，学院制课程资源有效利用的核心是发挥区县级教育行政部门、教研部门在课程资源整合与共享中的作用，将可用的课程资源边界扩大，通过向市场、向高校及科研院所购买课程服务等方式拓宽课程资源的来源与途径。

对于学院制课程资源的有效利用，应"两条腿"走路才能更好地发挥其作用。其一是通过课程资源的引进、整合、辐射共享，为本区域提供更丰富的课程公共性供给，以实现课程公共性服务的区域效益最大化。其二是通过对接一线学校课程实际需求，提供精准课程资源，实现课程定制化供给，保证课程资源个性化供给的效益最大化。

1. 盘活现有资源，构建辐射共享路径

由于课程资源的学校专属特性，某一所学校的优质课程资源基本无法实现流动与共享，这就造成了优质校本课程使用范围只局限在一所学校，只让一所学校的学生受益的窘境。因此，在区域层面建立优质校本课程资源共享的机制与平台是区域聚集优质教育资源的重要路径。

第一，要实现优质学校课程区属化，扩大优质校本课程的使用范围。实现优质校本课程的区域辐射，包括规范课程辐射的内容、建立课程辐射的平台、规范课程辐射的管理流程三个方面。从区域的角度对全区优质校本课程进行甄选，分类形成区域优质校本课程目录。发布优质校本课程选课目录，扩大区域课程的宣传途径和对象范围，开展开放性的活动，如课程集市、课程展示、课程学习结果汇报等，让全区教师、学生甚至家长有了解区域课程的机会，促使全区学生可以根据自己的兴趣与专长选择想学

习的课程。

第二，要实现优质师资区属化，扩大优质师资的使用范围。受学校实行的教师聘用制的影响，区域内同样存在优质师资难以共享的问题。要实现优质师资的区属化，就要在“区管、校聘”这种教师管理制度的基础上，建立教师在区域内流动授课的管理机制，制定区域课程授课教师的准入管理办法。符合一定条件的教师，可以通过个人申请、学校推荐、区级审核的准入流程进行年度申报，区教育行政部门与课程管理机构联合推进课程教师的准入管理办法与常态化。

第三，转型教育资源的区属化，扩大转型教育资源的使用范围。随着中职学校、职业大学招生萎缩现状的出现，东城区职业教育面临转型。在转型初期，职教资源出现了利用率不足的问题。而职教提供的实践性职业课程，恰恰可以弥补中小学教育中实践性、体验性课程不足的短板。因此，区域内转型教育资源的开发与利用，成为教育资源“转向利用”的双赢路径，也成为区域课程开发与利用的路径。要实现对转型教育资源的利用，对区域内存在的转型教育资源进行盘点与整合，利用教学场地和设施，建立课程基地或体验中心，为学生提供实践学习的场所。同时，要充分发挥转型学校教师在课程开发与设计中的主体地位，鼓励教师根据自身专长开设课程，开设多种适合基础教育学生学习需求的课程。

2. 引进外来资源，构建转化整合路径

外来教育资源是指由区域外包括企业、社会机构、公益组织、科研院所等提供的专业性教育资源。这些专业机构因拥有专业师资或高端教学场所与设施等资源，成为拓宽课程内容的来源之一。引进这些资源是多主体参与课程建设的治理途径，也是有效缓解学校课程供需矛盾的突破口。青少年教育学院引进的外来课程资源多是通过契约的形式进行项目绩效管理的，从而构建起筛选—转换—监管这样的转化整合路径。

（1）筛选

外来课程资源的供给主体性质不同、提供的课程形式与内容多样，课程层次和水准参差不齐。因此，外来资源必须做好筛选，让资源在区域内形成较为统一的水准，确保课程规范与质量。首先，青少年教育学院对照区域课程整体发展目标，在盘点区域内可用资源的基础上，明确区域课程资源现状与目标之间的差距，从而明确引进资源的门类，形成筛选资源的基本依据。其次，制定外来资源的标准。对资源提供方的基本资质进行筛选，包括单位规模、营业状况、师资状况等情况。

（2）转化

在企业、公益组织、社会机构及科研院所等提供的资源中，有一类资源是针对中小学校学生开发与设计的课程，这类课程基本上可以直接进入学校课堂，另一类资源则需要根据区域实际情况进行资源转换。首先是科研院所类课程资源的学段转换。这些教育资源本来是用作实验、研究或高等教育的，现在要利用这些资源为中小学生服务，就需要进行课程资源的学段转换。资源转换的工作流程包括组建课程开发团队；对资源进行评估后制定包括课程目标、内容、实施及评价等在内的课程开发方案；完成课程顶层设计后，选取试点学校进行授课；根据试点情况修正课程方案，并在区域内进行推广。通过这样的转化整合方式，青少年教育学院探索尝试构建长链条的特色化的贯通课程。贯通培养的课程链，其中一种是全学段贯通培养，即面向零基础的学生研发并实施分学段的课程，实现贯通培养。以 Greenpower 综合创新实践课程和职业体验类课程为例，经过几年的探索，Greenpower 综合创新实践课程逐步形成了小学认知与体验、初中实践组装、高中探究研发的分学段培养目标。学区分院提供的体验类课程实现了小学注重感知模仿体验、初中注重认知感悟体验、高中注重探知研究体验的分学段培养目标，并根据培养目标设置不同的课程内容，采用不同的授课方式。贯通培养的另一种方式是部分学段贯通培养，主要是对具有一定学科基础或专业基础的学生提供在某一学段的贯通培养。目前正在实施的信息学课程、化海起航课程，就是为在信息技术和化学方面有兴趣或专长的学生提供的初高中学段贯通。

（3）监管

外来课程资源利用的主要方式是购买服务，这是资源的商品属性所在。同时，它作为教育的课程载体又承担着促进学生发展的育人功能，这是其教育属性所在。基于这两种属性，区域层面对外来课程资源的监管也分两条路径：一是由区域教育行政部门与区域课程管理部门共同负责对其商品属性进行监管。首先，要依据相关财务制度规范购买课程服务的基本流程。其次，要明确合同双方在契约期限内的各自权责，确保商品正常使用。二是区域课程管理部门负责对其教育属性进行监管，采用项目绩效管理的方式，明确课程评估目标、内容与评估方式，对课程的实施效果进行过程性和终结性监控。

3. 精准对接个性需求，构建特色发展之路

区域课程资源的开发与利用除了上述从“自上而上”的路径出发整体推进资源辐射、共享与转化外，还有一个就是“自下而上”的路径，即从对接学校、教师、学生的个性需求出发，提供精准课程资源供给服务。

对接学校个性化课程体系建设时，要从学校、教师和学生三方面考虑。学校方面，要优先考虑那些有需求但是能力不足的学校，这是促进教育公平、优质、均衡发展的要求，也是教育供给侧改革关注的对象。教师方面，要注重培养学校自己的教师，在课程的开发建设过程中利用资金和专家支持加强教师队伍建设。只有有了专业水平较高的教师，课程才能在学校真正落地生根，并获得持久发展，也才能不断地丰富学校的课程体系建设，从而构建学校特色发展之路。学生层面，要注重赋予学生学习的自主权，同时把学生作为课程的重要资源纳入课程建设中。

从学生学习的个性化需求出发，做好个性化学习需求的区域管理。努力为学生提供适合的教育，必然要从学生的多样化、个性化出发。伴随着

中高考改革，进行扬长教育也日益重要，“私人定制”的课程趋势必然会越来越明显。实际上，由于学校专业教室、师资等课程资源的有限性，教学供需矛盾依然存在，主要表现为：满足某些学生的兴趣爱好无法构成班级进行集体学习或无法长时间不间断地持续学习。在创新人才培养方面，对于那些对某一学科兴趣浓厚或有突出成绩的学生，学校无法进行创新人才的个性化教学。对于学校存在的这些个别化需求，区域课程管理部门可以通过对智慧教育的探索，借助大数据的发展，对学生的个别需求进行区域统筹，并与相关资源单位联动为学生开设相应课程，以促进学生的个性化发展。

五、学院制课程供给的质量监控

作为多主体供给、多校分类分层选课的区域课程形态，学院制课程成为具有独特育人价值的“产品式课程”。基于全面质量管理理论，学院制课程构建了全员、全过程、全面的课程质量监控体系，形成了以标准为质量核心，以计划、实施、检查、改进促使质量螺旋式上升的监控体系。

（一）学院制课程质量监控标准

学院制课程质量监控标准是课程征集、准入认定与实施效果监测的重要依据，它是学院制课程质量监控的核心，具有把控课程种类、结构、形态，评估课程实施效果等作用。

1. 制定学院制课程质量监控标准的基本原则

（1）导向性原则

引导课程突出育人导向，落实立德树人根本任务；遵循学生成长规律；关注社会需要及学科发展前沿；与学校课程协同发展；促进学生全面而个性化发展。

（2）科学性原则

内容全面，体现课程开发与实施的基本要求；评价指标科学，权重恰当；评审过程规范，体现公开、公正、公平。

（3）适切性原则

针对学院制课程准入环节，突出课程开发与实施的基本规范及精品特色发展的可能性，体现评审工作的针对性和可操作性。课程适用范围恰当，操作便捷，便于管理。

2. 学院制课程质量监控标准的指标及指标描述

学院制课程质量监控标准指标分为课程定位、课程目标、课程内容、课程实施、课程评价、成效与特色 6 个一级指标与 21 个二级指标（见表 2–2）。

表 2–2　学院制课程质量监控标准

指标	指标描述
课程定位	符合党和国家的方针政策
	体现教育改革与发展趋势
	回应学生多样化学习需求
	符合区域教育改革理念
课程目标	落实社会主义核心价值观
	培养学生发展核心素养
	促进学生综合素质提升
	目标具体、明确、可操作
课程内容	内容选择科学
	内容编排有序
	内容结构合理
	内容系统完整
课程实施	课程安排合理
	实施途径多样
	教与学方式创新
	师资及资源有保障

续表

指标	指标描述
课程评价	评价内容全面
	评价方式多样
	评价主体多元
成效与特色	预期效果可见
	课程特色突出

（二）学院制课程评价

1. 阶段性量化评价

（1）基于优秀课程与课例评选的激励性评价

即基于学院制课程质量监控标准，青少年教育学院开展优秀课程评选，以学期为一周期，基于学院制优秀课程评选标准对学院制课程进行量化计分的激励性评价。学院制优秀课程评选标准含课程的目标与设计、课程的实施与评价 2 个一级指标，其中课程的目标与设计分为课程的科学性、知识性、教育性、课程内容、课程形式 5 个二级指标；课程的实施与评价包括课程的实践性、创新性、表现性、发展性、过程性 5 个二级指标（见表 2–3）。

表 2–3　学院制优秀课程评选标准

一级指标	二级指标	具体内容	分值设置
课程的目标与设计（50）	课程的科学性	课程目标设计合理，符合学生的身心特点、认知规律，符合学生的接受能力	10
	课程的知识性	课程目标能够提高学生的知识水平与技能水平，促进学生核心素养的发展	10
	课程的教育性	课程目标能渗透爱国主义、社会主义核心价值观，有利于培养学生树立良好的思想道德和价值观念	10

续表

一级指标	二级指标	具体内容	分值设置
课程的目标与设计（50）	课程内容	课程内容充实，体现开放性、整合性、贯通性与前沿性	10
	课程形式	课程形式设计新颖，易于激发学生的学习兴趣，使学生理解学习内容	10
课程的实施与评价（50）	课程的实践性	课程在情景中进行，注重学生体验，使学生掌握技能、技巧，养成理论联系实际的作风和独立工作的能力	10
	课程的创新性	课程具有较强的创新性，课程立意新、教学模式新、运用技术新	10
	评价的表现性	通过观察学生在完成实际任务时的表现来评价学生已经取得的成就，观察学生的实际操作并记录学生的学业成果	10
	评价的发展性	用发展的眼光看待学生成长，充分了解学生的优势和不足，在此基础上评价内容多样、评价标准多重	10
	评价的过程性	关注学生的学习过程，重视非预期结果，综合运用学生自评、同学互评和教师点评等方式进行过程性评价	10

除了对优秀课程进行评选外，学院制课程还对优秀课程纲要进行评选，将课程评价下沉到课程实施与课例研究层面。课程纲要作为呈现课程为什么教、教什么内容、怎么教和教到什么程度的文本，是对教学系统的前期规划、课程计划与安排，是对课程实施的整体设计，也是学院制课程实施管理、审议和评估的基本依据。为对学院制课程纲要进行激励性评价，青少年教育学院在培训先行、实践为基的前提下，制定了学院制课程纲要模板，从背景分析、课程目标、课程内容、课程实施和课程评价五个方面规范课程纲要（见表 2–4）。

表 2–4　学院制课程纲要模板

*** 课程纲要

课程名称：　**所属领域：**　**教学材料来源：**　**适用年级：**

学习基础：　**总课时：**　**已实施情况：**　**设计者**（姓名＋单位名称）：

背景分析：

①考虑国家和社会发展、学生发展需求以及此类课程自身的发展情况；

②简要分析学生学情、特色资源及课程已有基础等实际情况；

③依据深化课改目标、理念、要求，定位本课程设计的基本理念、目的和意义等；

④本课程与其他相关课程的相互关系及衔接等。

课程目标：主要介绍预期学生完成本课程学习后，在相关素养（正确的价值观、必备品格、关键能力）等方面获得的发展或达到的水平。目标表述具体可操作，包括行为性目标、表现性目标等。行为性目标，如具有设计探究方案和获取证据的能力，能正确实施探究方案，使用不同方法和手段分析、处理信息，描述并解释探究结果和变化趋势；表现性目标，如在欣赏和表现音乐的过程中，感知作品表达的情绪、情感、意境、意志并产生共鸣。

课程内容：主要呈现为实现课程目标需要学习的内容，根据学习内容的内在逻辑，可分为若干主题来描述。（下表仅供参考）

主题（或单元）	学习内容或活动	课时	教学目标	教与学的活动安排
主题 1	本节课的主要内容（知识点）和 / 或主要活动	课时 1	（教学目标与课程目标一致，体现课程目标的具体化与落实）	（教与学的活动安排与教学目标一致）
		课时 2		
主题 2		课时 2	……	……
		课时 3	……	……
……		……	……	……

课程实施：主要描述为实现课程目标，教学应当遵循的基本原则、针对本课程的教学策略、具体的课程安排、师资及设施设备要求、课程资源利用及开发建议等。

课程评价：主要描述学生学习的过程及结果评价的原则和要求，明确评价的内容、水平要求、方式方法、评价主体等，有相应的评价量规、操作办法等。

（2）基于课程管理运行与实施效果的总结性评价

需要从管理运行和实施效果两个方面对学院制课程进行阶段性监测与反馈。青少年教育学院开发了学院制课程监测的教师量表、学生量表，对教师的课程实施情况进行阶段性监控，对学生的实际学习成果进行以学期为周期的问卷调查。在对调查数据进行分析后，青少年教育学院从学院制课程的整体情况、课程实施情况、资源单位的实施情况等方面进行分类反馈，促进课程质量的螺旋式提升。其中，管理运行监测侧重从学院制课程数量、学段分布、类别分布、开发方式、授课方式、教师培训等方面对课程整体分布进行监控。实施效果监测侧重从学生的满意度、学生的能力提升、学生的实际获得等方面进行监控。

2. 过程性质性评价

除要对学院制课程质量进行阶段性量化监控外，还需要对课程质量进行过程性质性评价。质性评价虽然没有量化监控的标准，但在对课程质量进行质性评价时，需遵循以下基本原则。

第一，以过程监控为主，做到发展性与总结性监控相结合。学院制课程的质性评价是以量化评价为基础开展的，是对量化评价中反映出的问题进行质性评价，因此，质性评价是量化评价的深入，量化评价是质性评价的依据。

第二，以改善课程为导向，注重动态发展中的横向比较与纵向比较。学院制课程是动态性较强的课程，比如课程内容、师资、场地等课程实施条件在每学期都会有不同程度的变化，因此，无论是课程编制、实施、评价，还是课程管理，对其运行的过程性评价都尤为重要。过程性质性评价用动态的视角，对课程发展变化的过程性表现进行具体分析，并从课程的横向比较与纵向比较中对课程进行客观监控。

第三，以真实情境性为依据，注重课程的个性化发展样态。学院制课程的探究性、实践性特征决定了课程的真实情境性对课程质量的重要性。

质性评价主要是通过课例评价、日常授课反馈、课后师生访谈等方式，深入课程真实情境中进行质性监控，更加注重课程的精准监控与个性化发展样态。

（三）学院制课程质量监控保障策略

1. 建立课程质量监控专家委员会

课程质量监控专家委员会的职责是专家团队负责课程的评审、论证、督导等工作。课程质量监控委员由国内课程方面经验丰富的专家组成，定期对学院制课程进行监控，一是在课程准入阶段，课程质量监控委员会对区域内申报的学院制课程进行评审论证；二是对正在运行的学院制课程进行过程性监控与评估；三是对学院制课程监测报告进行论证研讨，提出课程改进方案。另外，课程质量监控委员会负责对课程质量监控的规范性文本进行学术论证。

2. 完善学院制课程质量监控制度

制定课程质量监控管理办法，明确学院、学校、资源单位等各类课程质量监控人员的岗位职责。制定教学团队人员管理办法，建立或完善教师的课时认定办法以及培训制度等，通过合理的奖励办法、定期培训、教学研讨等提高教师的教学质量意识与能力。建立课程质量评价制度，明确课程质量的评价人员、评价内容、评价时间、评价方式以及评价处理办法等。建立课程质量监控信息反馈制度，明确反馈人员、反馈内容及反馈方式等，通过学院例会、质量监测简报和师生座谈会等方式将信息进行及时反馈。

3. 组建质量监控运行团队

依托青少年教育学院监测中心，组建专门负责课程质量监控的团队，开展阶段性量化评价和过程性质性评价工作，帮助解决课程监测过程中出现的问题，并且定期组织教师、团队成员等进行相关培训和信息反馈。为了将课程监控做到精准化，课程质量监测团队还应严格按照课程建设质量标准和其他文件等相关要求，协助授课教师高质量地完成课程制作，监控学生的学习情况等。

第三章　学院制课程的实践探索
——课程纲要的编写

一、学院制课程纲要编写说明

课程纲要是以提纲的形式呈现学院制课程目标、内容、实施和评价。换言之，课程纲要是围绕一门课程回答“学会什么”“提供什么内容”“组织什么活动”“怎样评价”等问题的。

课程纲要主要包括以下要素：课程名称、课时安排、课程简介、背景分析、指导思想、课程目标、课程内容、课程实施、课程评价、课程资源建设、实施条件及相关获奖情况。

课程纲要既有利于全面思考一门课程的各项安排，又有利于课程审议和质量管理。

二、学院制课程纲要举例

（一）博物馆综合实践课程纲要

课程名称：博物馆综合实践

设计者：郭志滨、张佳

推荐单位：北京市东城区史家胡同小学

适用年级： 四年级

总课时： 8

课程类型： 必修

【课程简介】

中华传统文化——博物馆综合实践课程是在小学三至六年级开设的一门依托博物馆资源，从认知自然入手，对人类社会生存发展规律、规则进行梳理总结的综合实践课程。课程内容包括“说文解字”“服饰礼仪”“音乐辞戏”“美食美器”四大主题。以学生所熟悉的汉字、服饰、乐戏、饮食为基础，以“历史与艺术”的体验方式设计教学环节，培养学生的艺术情趣，使其感受中华传统文化的独特魅力，领悟五千年中华文明的深邃与博大。课程利用博物馆丰富的馆藏文物，结合学生的知识水平，不断丰富发展学生的社会生活经验和艺术审美情趣，加深他们对个体与群体、民族与国家、历史与艺术的正确认识和理解，引导他们形成基本的道德观、人生观、世界观和价值观，初步掌握人类历史发展脉络，具备一定的鉴赏能力和良好的人文情怀。

【背景分析】

“经历就是财富，丰富经历就是增进财富。”对于学校教育而言，如何丰富经历、增进人生财富是一个极其重要的议题。实际上，真正的课程在本质上是经历的累积与变异。如果一个人在小学阶段经历过那样一种课堂——在博物馆中学习和体验，那么将无疑对他的人生产生深远的影响。这种经历不仅帮助他开启了博物之旅的神秘大门，还让他睁开了对文化、历史、传统、人文等知识的探寻之眼。

曾经，博物馆对于广大小学生来说是陌生的，许多学生甚至不知道每年的 5 月 18 日是国际博物馆日。他们不知道去博物馆看什么、怎么看，甚至不知道有博物馆这样一个可以学习的场所。这样一个教育的阵地、文化的花园、历史的展台，就这么被排除在教育之外，独特的教育资源就这么被浪费了。其实，课程不仅可以在校园内建设，校外的课堂更能提供优质的学习氛围，是培养学生学习兴趣的良好环境。在直接观察下，学生更易有真实的感受，能提高细节观察的能力，从而最大限度地激发学生的学习兴趣。史家胡同小学利用国家博物馆的文物资源，开发了博物馆系列课程，把文物与活动实践有效、有趣地结合在一起，避免了学生参观博物馆时流于形式和走马观花的问题，把一个课程变为一个系列的、由浅入深的、带有选题和目的的、长效的、可持续发展的学习形式，让广大小学生掌握了博物馆学习的方法，为更多小学生在博物馆中的学习提供了有价值的经验。

【指导思想】

国家博物馆是一座以历史与艺术为主，系统收藏了中国古代、近现代、当代历史的珍贵文物甚至顶级文物的综合性博物馆。本课程的教学设计意在利用国家博物馆的馆藏文物，帮助小学生在文物与历史、文物与创造、文物与工艺、文物与美术之间编织一个纽带，探索一个陌生的领域，帮助他们在博物馆中找到兴趣点和学习方法。博物馆综合实践课，是把文物历史传统文化知识与小学阶段的知识体系及各学科的学习目标相结合，从而帮助小学生形成良好正确的价值观、人生观、世界观。通过在博物馆中的学习与实践，小学生的视野和思维的空间得以开拓，且自觉滋生出民族自豪感，从而接受到了爱祖国、爱人民、爱中国共产党的良好教育。

【课程目标】

利用国家博物馆的文物资源，培养学生多学科知识的综合运用能力，体现“历史与艺术并重”“认知与规则同步”的核心理念。通过教师讲述、展示、启发、引导，学生观察、思考、总结、模仿等环节，全面展现和理解中华优秀传统文化的魅力。课程融合语文、历史、地理、天文、生物、科学、音乐、舞蹈、美术、书法、体育、劳技、品德等学科知识，帮助学生掌握满足其个体持续发展所需要的社交、自控、自我完善、礼仪、健体、防卫、审美、艺术鉴赏等多种知识和技能，建构其素质和能力，使之平衡发展。

【课程内容】

表 3-1 博物馆综合实践课程内容

四大主题	相关内容
说文解字	造纸术
服饰礼仪	印染织绣
音乐辞戏	拍打激昂
美食美器	五味调和

【课程实施】

1. 学生参观欣赏，教师引领讲解：通过在博物馆内对相关文物的观赏，以及教师对相关问题的引入和介绍，学生不仅能获得直观印象，更能了解更多相关知识。

2. 多媒体教与学：教师在活动体验教室通过多媒体课件，着重对所学教学内容进行梳理和介绍，激发学生的学习兴趣，加深其对知识的理解。

3. 学生反馈与谈话：学生对所观看的文物及所掌握的知识以语言、表演等表达方式表述出来，及时分享学习心得、反馈问题。

4. 学生实践活动：教师制定与文物特点有关的实操任务，学生通过动手制作、绘画等活动进一步理解所学内容。

5. 学生展示作品，发展学习兴趣：展示个人作品，激发学生的可持续性学习兴趣。

6. 课程资源：国家博物馆、文物，网络音像与图资，教学课件，实物，材料。

【课程评价】

观展表现与观展礼仪：是否可以安静有秩序地在展厅欣赏文物、专心听教师的讲解，符合礼仪要求。

听讲表现与常规行为：是否可以在活动教室仔细聆听学习内容，是否能按要求使用工具、不破坏工具，有效利用工具材料等完成作业。

学习效果展示与评价：通过回答问题、谈感受、写反馈、作品呈现效果等多种形式，评价学生是否掌握了知识点，并评估其学习兴趣。

【课程资源建设】

社会与场地资源建设：将国家博物馆作为学习场地，开发选择相应的文物资源，做到与小学各学科知识的无边界连接。

教学课件的有效性设计：更加有效地把相关知识直观地展现给学生，结合相关影像资料，增加视觉效果。

课堂实践活动的设计与材料的使用：设计有趣的和可操作的游戏、活动、作业，让学生巩固知识并激发他们以后的学习兴趣。

文物历史故事绘本的绘制与讲解：以小学生喜闻乐见的形式，让他们看文物、学历史、懂文化，增加讲故事、读绘本的环节。

学校提供学习经费。

【实施条件】

国家博物馆提供参观场地、文物展示、教学活动场地，配备文物专业讲解教师。要求国家博物馆教师从文物历史文化知识的角度进行详细专业的讲解，要符合小学生的认知水平。

学校要安排合理充分的学习时间和教师，制订教学内容、教学计划、教学设计，准备相关学习材料。要求学校老师运用自己学校的相关学科经验，进一步根据文物知识在实践、操作、活动等部分对学生进行指导和管理，加深他们对知识的理解，提高他们的学习兴趣。

【相关获奖情况】

2018 年度基础教育国家级教学成果奖一等奖。

2018 年度北京市基础教育教学成果奖一等奖；《“十三五”国家重点图书、音像、电子出版物出版规划》增补项目。

2017 年度桂冠童书文化历史类。

2016 年度全国文化遗产十佳图书。

（二）英文戏剧课程纲要

课程名称：英文戏剧

设计者：张莹、杨帆、杨姝

推荐单位：北京市崇文小学

适用年级：一至六年级

总课时：80

课程类型：国际理解

【课程简介】

为体现国际理解教育和人文与社会交流理念，培养崇文小学各年级学生在英语文化背景下的思维，锻炼英文语言表达能力，北京市崇文小学联合四海同声国际文化传播（北京）有限公司，以排练英语戏剧剧目为切入点，结合我国小学阶段英语课本教育与戏剧教育两方面的特点、要求，结合我国小学阶段教育的具体情况，借鉴国外先进的英语戏剧教育理论与实践，进行融合创新，开发打造小学分级英语戏剧教育教材教法，构建国际理解与交流课程体系。

【背景分析】

《基础教育课程改革纲要（试行）》明确提出，要改变课程内容“难、繁、偏、旧”和过于注重书本知识的现状，加强课程内容与学生生活以及现代社会和科技发展的联系，关注学生的学习兴趣和经验，精选终身学习必备的基础知识和技能。2015 年国务院办公厅印发的《关于全面加强和改进学校美育工作的意见》，要求我国中小学逐步开齐开足包括音乐、美术、舞蹈、戏剧、戏曲、影视在内的美育课程。英语学科核心素养要求，学生在接受相应学段英语课程教育的过程中，应逐步形成和提升适应个人终身发展和社会发展需要的必备品格和关键能力，综合表现为四大素养：语言能力、文化品格、思维品质和学习能力。崇文小学多位教师参与了东城区青少年教育学院为我们搭建的英文戏剧教师培训项目课程，在课程中，我们学习并体会到了英文戏剧教育的重要性。英文戏剧教育融合了戏剧的魅力和英文综合能力的培养，能够激发学生的潜能，拓展学生的创造力和想象力，建立学生的自信心与同理心，提高他们的英文口语能力、沟通力和团队协作力。因此，崇文小学依托学生的学情和需求——学生有一定的中文戏剧基础，乐于表演、展示自我，喜爱英文剧目并且渴望参与英文戏剧的学习，结合青少年教育学院的培训项目推出了崇文小学的精品英文戏剧课程，并适时地进行校本课程的开发。

【指导思想】

美国教育学家杜威的“在做中学”理论指出，教学过程应该就是“做”的过程。“在做中学”也就是从活动中学、从经验中学，它将学校里知识的获得与生活过程中的活动联系起来。戏剧课程为学生提供了大量在实践中学习的机会。全语言理论认为，语言是一个整体，它真实而自然地存在于人们的认知和社会生活中，是一个完整、有意义、具有重要社会功能的体系，是促进人的发展的重要媒介。以戏剧方式开展语言学习不仅为学生提供了丰富的语境，也为学生提供了整体习得语言的良好机会。学生在丰富的语境中，围绕语言意义，整体感知语音语调，理解语言的意义，获得语言知识，体会语言魅力，思考语言所传达的含义，并通过反复练习台词和内化实践，形成整体运用语言进行思维和表达的能力。加德纳的多元智能理论认为，人类的智能至少可以分成以下七个方面：语言智能、数理逻辑智能、空间智能、身体－运动智能、音乐智能、人际智能、内省智能。戏剧教学不仅帮助学生感知语言和理解语言的意义，也最大限度地调动了学生的多元智能。小学英语课程标准指出，要组织生动活泼的课外活动，促进学生的英语学习，根据学生的年龄特点和兴趣爱好，积极开展各种课外活动，这有助于学生增长知识、开阔视野、发展智力和个性、展现才能。英文戏剧课程为小学生动口、动手、动脑，模仿和创造性地学习语言提供了机会，有利于激发学生的学习兴趣，提升学生的自信心，有助于学生认识自我、发展个性、展现才能。

【课程目标】

通过英文戏剧课程，促进学生的语言、思维、情感同步发展。在语言上，学生能够在戏剧学习中体会地道的语音语调，理解语言的意义并将其迁移到真实的语境中内化和使用。在思维上，学生能够在戏剧学习中揣摩角色，发挥创造力和想象力。在情感上，学生能够在戏剧学习中发展自信心，丰富生活阅历，促进其沟通、交流、合作能力的发展。

【课程内容】

1. 分享课程纲要	1 课时
2. 打开声音、打开身体的基础训练	5 课时
3. 英语戏剧的游戏与导入	4 课时
4. 语言训练	10 课时
5. 台词教学	10 课时
6. 歌曲教学	10 课时
7. 戏剧游戏与剧目排练	20 课时
8. 戏剧节及展演	20 课时

【课程实施】

北京市崇文小学联合四海同声国际文化传播（北京）有限公司的专家及学校骨干教师团队，共同提出具体课程内容及教材设计方案，在教学及排演实践中修正和完善，逐渐形成适合一至六年级的戏剧课程。

课程前期进行普惠教育，一至三年级全体学生进行英文戏剧基础课学习。课程中期进行提升课程，一至六年级英文戏剧社的学生参与《山海经》剧目的集中培训。课程后期进行剧目展演。

【课程评价】

1. 形成性评价：教师注重采用鼓励的方式激励学生参与活动，对学生的课堂参与度、积极性、小组合作完成情况进行考察。

2. 终结性评价：通过角色扮演，教师对学生的英文发音是否准确、表演的人物性格是否符合剧目要求等给予阶段性评价，表现突出者参与《山海经》剧目的展演。

【课程资源建设】

青少年教育学院英文戏剧课程培训；四海同声的国内外专家团队承担了教学工作，并与林兆华工作室联合承担了剧目的排演工作；学校场地提供排练保障；崇文小学骨干教师组成戏剧团队。

【实施条件】

北京市崇文小学负责提出明确的、可量化的长短期英文戏剧课程培训目标要求；负责发动、协调本校师生积极参与英文戏剧教育项目及排练工作，划出专用时间；负责提供英文戏剧课程培训教学、实践排练场地；成立本校英文戏剧社，开展报名招募工作，保证生源。

四海同声国际文化传播（北京）有限公司负责按照崇文小学的具体要求，提出可操作的教学方案及排练演出计划；负责提供本项目所需的各级专家导师；负责应用于本合作项目的分级英文戏剧教材教法的研发；负责本项目的实施，对崇文小学的师生开展有针对性的英文戏剧教育培训工作；负责为崇文小学的学生提供参与正规舞台演出的实践机会。

【相关获奖情况】

2014 年《绿色精灵》荣获北京市中小学生科技英语创意大赛市级二等奖，区级一等奖。

2015 年原创校园剧《心中的爱》在市级展演中获得专家一致好评。

2016 年《和谐之路》荣获第五届首都学生外语展示系列活动小学组二等奖。

2017 年《疯狂动物城》荣获“希望中国”英语教育戏剧大赛北京赛区一等奖。

获邀参加 2018 年乌镇戏剧节。

获邀参加“首届丝绸之路国际剧院联盟艺术节”。

获邀参加 2019 年丹麦戏剧节、挪威易卜生戏剧节。

（三）世界公民课程纲要

课程名称：世界公民

设计者：李莎、刘娜、刘春梅

推荐单位：东城区国际教育交流中心

适用年级：七年级、八年级

总课时：20

课程类型：国际理解

【课程简介】

世界公民课程是东城区国际教育交流中心自主研发的课程。该课程秉承《国家中长期教育改革和发展规划纲要（2010—2020 年）》，立足中国学生发展核心素养，全力打造具有中国心的世界人。课程包含四个模块，即国际组织、世界多元文化、全球问题、世界公民素养，每个模块下设不同主题。课程特色之一为“活动型教学模式”，辅以“4F 动态循环回顾法”深化课程内涵。每个课程主题均基于教学目标、教学内容的需求选择适切的教学活动，并在教学活动后利用“4F 动态循环回顾法”挖掘其教育意义与启示，引导学生进行反思，实现课堂教学知识性、趣味性、合作性、开放性与探究性的兼顾。特色之二为跨学科性。各主题渗透了多学科领域的相关知识，如历史、地理、政治等，利于学生发挥多元智能，多渠道彰显各自特长。世界公民课程落实了核心素养指标体系中“责任担当”层级有关“国家认同”“国际理解”层面的具体要求，丰富了区域学校课程体系，打造了一支集课程实施者、研究者、开发者多重角色于一身的复合型师资队伍，培养了一批具有家国情怀和国际视野的中学生。

【背景分析】

联合国教科文组织早在 1946 年便提出了以理解、和平、共生为价值理念的“国际理解”概念，旨在增进不同文化背景、不同种族、不同宗教信仰和不同区域、国家、地区人们之间的相互了解和相互宽容，加强彼此合作，以共同认识和处理全球社会存在的重大共同问题，促使“每个人都能够通过对世界的进一步认识来了解自己和他人。将事实上的相互依赖变为有意识的团结互助”。与之相适应，我国《国家中长期教育改革和发展规划纲要（2010—2020 年）》也明确提出，要“加强国际理解教育，推动跨文化交流，增进学生对不同国家、不同文化的认识和理解”，以此“培养大批具有国际视野、通晓国际规则、能够参与国际事务与国际竞争的国际化人才”。同时，2016 年 9 月 13 日发布的《中国学生发展核心素养》指标体系中，其中一个维度为“责任担当”，即学生在处理与社会、国家、国际等关系方面所形成的情感态度、价值取向和行为方式，具体包括社会责任、国家认同、国际理解等基本要点，这也再次将“国际理解”提上重要日程。东城区作为首都功能核心区，是首都文化功能建设的重要承载区域。《北京市东城区总体发展战略规划（2011 年—2030 年）》明确提出：要全面推进国际化、现代化新东城建设，本着“教育优先、全面育人”的发展理念，着眼于“促进每个社会成员的终身发展”，建设国际化、现代化教育强区，使东城教育成为“世界城市窗口区”的鲜明亮点，这也为东城基础教育领域开展国际理解教育提供了有力依据。综上所述，基于当下国际局势、国内现状及区域特征，推进国际理解教育势在必行。在这样的形势下，东城区国际教育交流中心结合东城区区域政策、文化定位与教育需求三个层面的特点，推出了以“世界公民”为主题的国际理解教育课程。

【指导思想】

《国家中长期教育改革和发展规划纲要（2010—2020 年）》明确提出，要加强国际交流与合作，适应国家经济社会对外开放的要求，培养大批具有国际视野、通晓国际规则、能够参与国际事务与国际竞争的国际化人才。同时,《北京市“十三五”时期教育改革和发展规划（2016—2020 年）》也明确提出，学习借鉴国外素质教育和均衡发展的办学理念和模式，加强中小学国际理解教育和多元文化教育，提升跨文化沟通能力。东城区作为首都核心功能区,《北京市东城区总体发展战略规划（2011 年—2030 年）》明确将自身定位为首都文化中心区，世界城市窗口区，并提出要努力打造国际化、现代化新东城。综上所述，在当今全球化趋势日益凸显的背景下，从国际、国内和区域的政策制定和发展定位来看，世界公民教育势在必行，东城区国际教育交流中心作为东城区青少年教育学院统筹下的国际教育学院，自成立以来，始终在东城区“教育 +”战略的指导下，以国际教育课程为核心素养的实施载体，以发展学生的文化品格、国际视野、跨文化能力为己任，努力培养具有中国心的世界人。

【课程目标】

世界公民课程以培养“中国的世界公民，世界的中国公民”为目标，在学生习得知识的同时，更加关注能力、技能的培养以及情感、态度、价值观的塑造，提升学生的民族文化品格及国际理解能力，做到心系祖国，放眼世界，兼具中国灵魂与国际视野，成为有中国心的世界人（见图 3–1）。

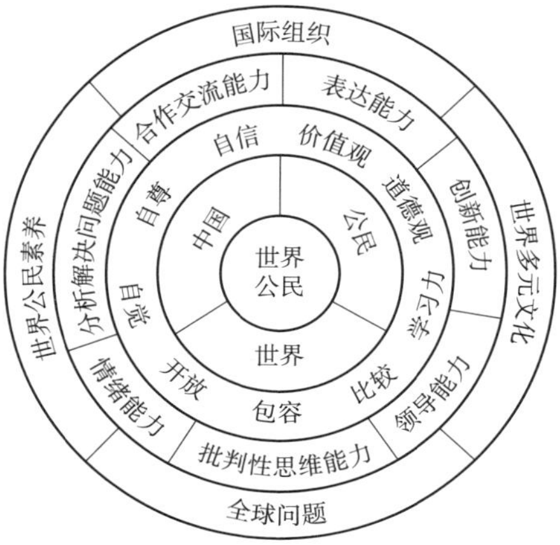

图 3–1　世界公民课程目标图示

知识目标：理解中国文化及其内涵，学习世界文化多元性的相关知识，了解世界各国、各区域的重要社会组织与团体，客观审视全球性问题，正确认识世界公民的必备素养。

能力目标：发展自主探究、分析、解决问题的能力，运用审辨式思维开展多角度思考的能力，掌握与人有效沟通、交流与合作的能力，提升创新能力，提高针对某一情况作出理性判断的领导力与决策力。

情感、态度与价值观目标：树立关注人类命运、关心全球可持续发展的意识以及对世界各国文化包容接纳的态度；增强民族认同感与使命感，兼具个人修养与家国情怀；形成社会关爱意识及世界公民的社会责任感，成为拥有赤诚中国心的世界公民，践行社会主义核心价值观，最终实现自己的梦想。

【课程内容】

世界公民课程的四个教学模块紧扣该课程的育人目标，表 3–2 对各个模块的名称、设计理念、教学目标及对应的教学主题作出了具体描述与说明。

表 3–2 世界公民课程内容

<table>
<tr><th>模块</th><th>设计理念</th><th>教学目标</th><th>主题</th></tr>
<tr><td rowspan="5">国际组织</td><td rowspan="5">随着全球经济一体化的发展，世界公民需要更多地了解国际形势，善于处理国际事务。因此，引导学生了解国际组织及其处理全球性问题的程序，树立规则意识、法治意识，追求公正、平等是极为必要的。通过学习国际组织与规则，了解当前世界各国相互依存的关系，从而使学生认识到维护世界和平、共谋发展的重要性，推动和谐教育的发展</td><td rowspan="5">知识与理解
· 了解国际组织的基本情况，知道国际组织的主要目的是维护世界和平与发展。
· 了解中国与世界各国之间的交流和合作是建立在平等、共赢的基础之上。
· 初步了解国际组织处理国际事务的规则。
能力与技能
· 培养学生的国际交往与沟通能力。
· 与他人共建规则并在规则的约束下开展竞争与合作。
· 发展团队解决问题的能力和素养。
情感、态度与价值观
· 培养学生的世界公民意识。
· 发展民族自豪感、社会责任感与正义感。
· 培养用批判性思维看待国际争端问题的视角。</td><td>联合国</td></tr>
<tr><td>哭泣的孩子（世界童工组织）</td></tr>
<tr><td>动物保护进行时（世界动物保护协会）</td></tr>
<tr><td>货币趣体验（国际货币基金组织）</td></tr>
<tr><td>聚焦难民问题（联合国难民署）</td></tr>
<tr><td rowspan="6">世界多元文化</td><td rowspan="6">随着世界各民族间愈发密切的交往，作为世界公民，既要立足于本，弘扬民族文化，增强民族认同感与自豪感，也要加深对各国文化表象差异的了解，挖掘各国、各民族不同文化的起源与内涵，认识世界多元文化共生性与差异性，建立民族间相互尊重、友好相处的包容态度，提高跨文化交流的能力</td><td rowspan="6">知识与理解
· 深入了解中国传统文化。
· 了解世界文化的多样性以及世界多元文化间的差异。
· 初步认识世界文化多样性的原因。
· 学习与他国人民交往的国际礼仪。
能力与技能
· 理解并欣赏异域文化，从不同的文化角度辩证思考问题，发展从感性认识到理性思维再到创新运用的能力。
· 规范自我行为，能得体地与世界各国人民交往。
情感、态度与价值观
· 增强对中华民族传统文化的认识及对他国文化差异的尊重。
· 养成审视自我、尊重他人、文化多元接纳的意识和态度。
· 发现生命之美，激发学生对美好生活的向往和热爱。</td><td>国旗</td></tr>
<tr><td>中西餐桌礼仪</td></tr>
<tr><td>中西问候礼仪</td></tr>
<tr><td>中西节日</td></tr>
<tr><td>中西饮食文化多样性</td></tr>
<tr><td>中西建筑</td></tr>
</table>

续表

<table>
<tr><th>模块</th><th>设计理念</th><th>教学目标</th><th>主题</th></tr>
<tr><td rowspan="4">全球问题</td><td rowspan="4">伴随全球经济发展而产生的环境、资源、社会等相关问题对全球人类生活的影响越发加深，世界公民需要广泛关注全球热点问题，建立理性分析与解决问题的能力，树立社会责任与社会关爱的意识，建立健全世界公民素养，从而达到人与自然、人与人之间和谐相处的良好关系</td><td rowspan="4">知识与理解
· 了解世界人口、贫困、环境等问题的现状及产生的原因。
· 了解不同社会问题之间的关联。
· 了解志愿者的含义以及志愿服务的意义。
能力与技能
· 辩证地看待人类面对的自然、社会问题与人类自身的关系。
· 初步培养批判性思维、多角度思考问题和解决问题的能力。
情感、态度与价值观
· 培养学生作为世界公民的环保意识和爱护环境的责任感，通过自我行为的改变，改善生活环境。
· 初步培养学生关爱社会及互帮互助的意识，让学生了解作为世界公民有维护社会和谐的责任。
· 学生能有为他人着想，为他人服务的意识。</td><td>珍贵的水资源</td></tr>
<tr><td>小视角大社会</td></tr>
<tr><td>小小志愿者</td></tr>
<tr><td>世界人口大爆炸</td></tr>
<tr><td rowspan="6">世界公民素养</td><td rowspan="6">作为世界公民，我们不仅要具备完善的知识储备以及了解国际规则、参与国际事务的视野与能力，同时要有健全的人格品质，坚定的信仰以及国际竞争力与领导力</td><td rowspan="6">知识与理解
· 帮助学生建立自信，寻找自己和他人的优势。
· 帮助学生培养自我实现的愿望。
· 帮助学生解决困惑和迷茫，建立坚韧的性格。
能力与技能
· 学生能全面地认识自我、评价自我、表现自我，从而在世界舞台上展现自我。
情感、态度与价值观
· 通过学生的自我发现，培养学生健全完美的人格。
· 点燃学生思考人生的火种，激发学生对美好未来的追求。
· 学生能以积极的态度面对挫折与困惑，通过挑战困难，不断完善自我。</td><td>心理韧性</td></tr>
<tr><td>自信</td></tr>
<tr><td>沟通</td></tr>
<tr><td>道歉</td></tr>
<tr><td>审美</td></tr>
</table>

【课程实施】

1. 以活动型教学模式激发学生的兴趣

世界公民课程的特色之一即活动型教学模式，强调学习者是课程的主体，以学习者的兴趣、需要、能力、经验为参照来实施课程，在活动中激发学生独立思考、互动交流、合作探究、情感体验的能力，引导学生进行合作式、交互式学习。为此，课程研发团队反复钻研相关理论与实践，确定了以活动型教学模式为主导的课程形式（见图 3-2）。

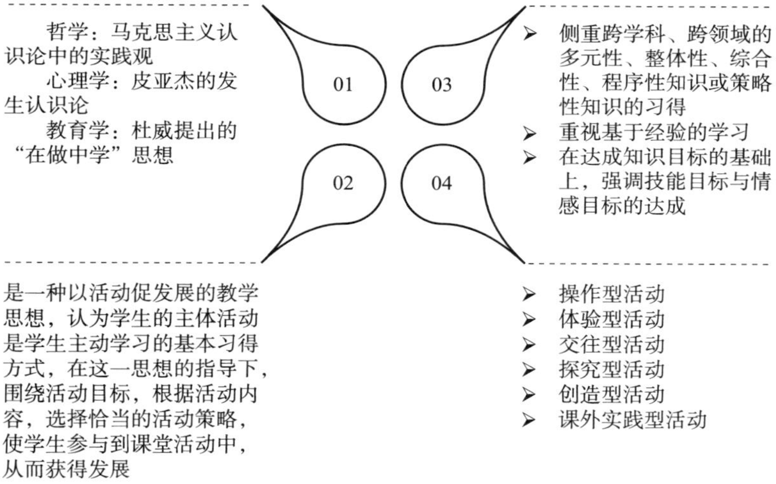

图 3-2　活动型教学模式简介

表 3-3　基于活动型教学模式的世界公民课程教学活动示例

活动类型	活动名称	课程主题	模块
操作型活动	解绳游戏	联合国	国际组织
	联合国知识卡片匹配	联合国	
	从座次安排上看中西文化差异	餐桌礼仪	世界多元文化
	未知的水耗	水资源	全球问题
	蜘蛛网	关注社会问题	
	不仅仅是数字	世界人口	

续表

活动类型	活动名称	课程主题	模块
操作型活动	穿越 A4 纸	心理韧性	世界公民素养
	生命线	心理韧性	
	T 字谜拼图	自信	
	解开千千结	沟通	
体验型活动	模拟联合国	童工	国际组织
	爱于心，践于行	动物保护	
	模拟拍卖	货币	
	视频后的内涵	节日	世界多元文化
	一起算一算	水资源	全球问题
	盲人体验	志愿服务	
	创设情境，角色扮演	世界人口	
	背对背画画	沟通	世界公民素养
交往型活动	知识竞赛	世界公民介绍	世界公民素养
	消失的生物链	动物保护	国际组织
	国家名片	货币	
	国旗连连看	国旗	世界多元文化
	从餐具使用上看中西文化差异	餐桌礼仪	
	标签游戏：我来自哪个国家	问候礼仪	
	分组讲述各国问候礼仪	问候礼仪	
	介绍我最喜欢的菜肴	饮食文化	
	中西饮食辩一辩	饮食文化	
	志愿服务我参与	志愿服务	全球问题
	我有一千个优点	自信	世界公民素养
探究型活动	六度空间的故事	世界公民介绍	世界公民素养
	看图解意	动物保护	国际组织
	从进餐礼仪看中西文化差异	餐桌礼仪	世界多元文化
	从就餐氛围看中西文化差异	餐桌礼仪	
	看一看、议一议	节日	

续表

活动类型	活动名称	课程主题	模块
创造型活动	相框之外	童工	国际组织
	画面之外	难民	
	校旗制作	国旗	世界多元文化
	中西合璧创意菜	餐饮礼仪	
	我的优点树	自信	世界公民素养
课外实践型活动	探访国旗班	国旗	世界多元文化

2. 以 4F 动态循环回顾法深化课程内涵

世界公民课程依托活动型教学模式而设计，每个课程主题均基于教学目标、教学内容的需求选择适切的教学活动，并在教学活动后利用“4F 动态循环回顾法”挖掘该活动的教育意义与启示，引导学生进行反思，实现课堂教学知识性、趣味性、参与性、合作性、开放性与探究性的兼顾。

如图 3–3 所示，“4F 动态循环回顾法”是一种引导技巧，其引导过程包含四个提问结构，即事实（Facts）、感受（Feeling）、发现（Finding）、未来（Future）。该方法以扑克牌的花色说明反思的内涵，依照扑克牌的次序，引导成员从活动的经验中学习，并在各阶段使用趣味性反思活动，来促进学习者积极参与讨论。该方法起源于约翰·杜威、库尔特·勒温和皮亚杰提出的经验学习模式，美国社会心理学家、教育家、著名的体验式学习大师大卫·库伯在此基础上提出了“经验学习圈”理论，英国学者罗贵荣在大卫·库伯的“经验学习圈”理论的基础上进一步提出了“动态循环回顾法”的引导技巧。“4F 动态循环回顾法”认为，学习的起点或知识的获取首先来自人们的经验，这种经验可以是直接经验，即人们通过做某事获得某种感知，也可以是间接经验，即通过创设某种情境获得间接体验。世界公民课程中不同教学主题下各种类型的教学活动为学生获取这种经验提供了途径。有了“经验”，学习的下一步逻辑过程便是对已获经验进行“反思”，即人们对经验过程中的“知识碎片”进行回忆、清理、整合、分享。

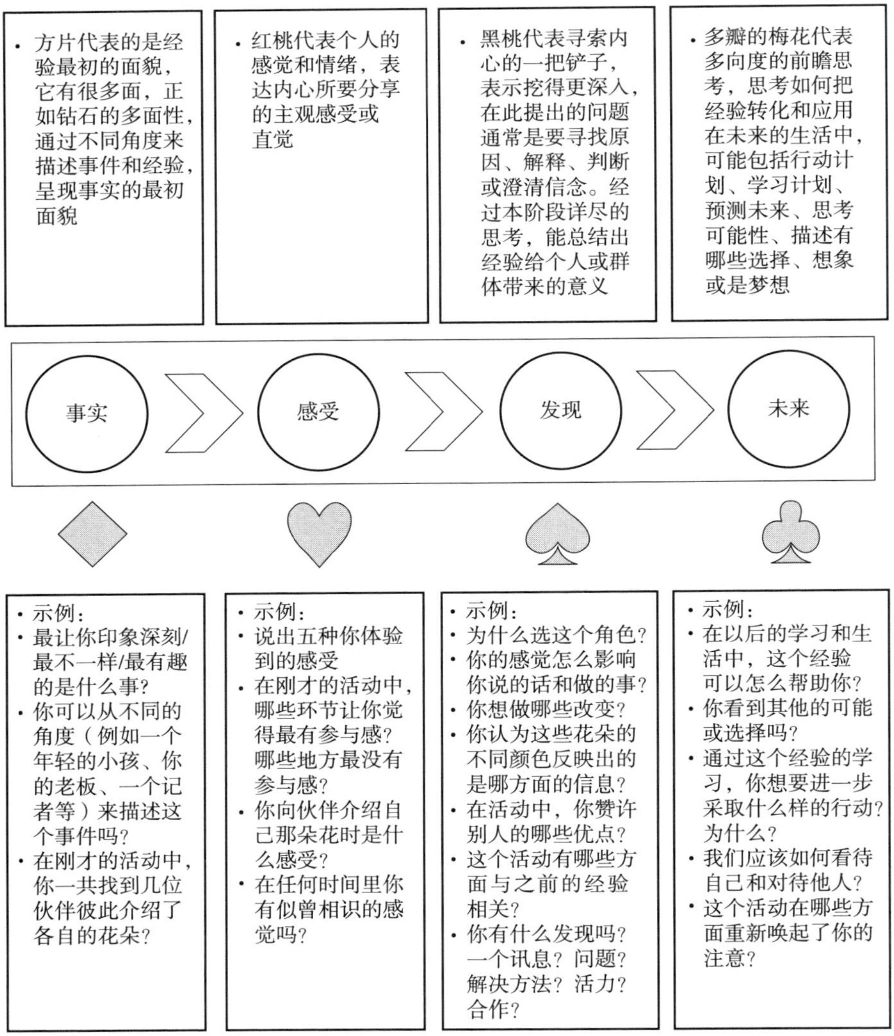

图 3–3　4F 动态循环回顾法简介

3. 以定期教研培训提升课程质量

在课程实施的过程中，东城区国际教育交流中心始终秉承以“研”促“教”的理念，利用教研活动推进教师培训，更新教师理念，拓展教师视野，丰富教师教学形式及评价方式，通过多种维度、多元形式、多样内容持续推进系列培训，不断优化师资队伍，提升课程教学质量（见表 3–4）。

表 3–4　世界公民课程教师培训

培训形式	培训内容	培训目的	主讲人
通识培训	世界公民课程的背景与必要性	对世界公民课程的背景、目标、内容、形式、评价方式形成通识，了解并借助课例分析、活动案例体验等形式直观感受课程实施方式	课程负责人
	世界公民课程体系解读		
	世界公民课程通识介绍		
	世界公民课程课例解析		
	世界公民课程活动案例体验		
主题培训	全球化背景下的世界公民教育	了解各国世界公民课程开设的必要性与可行性，及中国各地开展世界公民教育的方式、方法	课程专家
	如何结合教学内容设计教学活动	深入剖析教学内容与教学活动的有效融合方式	课程专家
	教学活动设计及其与教学目标的有效结合	认识教学目标对教学活动的指导性及二者的关联性与呼应性	课程专家
	从文化比较的视角看世界公民教育	了解如何通过中西文化领域的比较开展世界公民教育	课程专家
	如何以“文化”为主题依托活动课开展教学	探讨将文化主题与活动课教学模式有效结合的方式、方法	课程专家
	从“学习金字塔理论”看不同教学方式的有效性	探索有利于优化课堂效果的教学方式	课程负责人
	活动课教学模式的建构	了解活动课教学模式的缘起、理论基础、具体类型、实施效果	课程负责人
	世界公民课程中的“4F 动态循环回顾法”及其应用	认识 4F 动态循环回顾法的理论基础、内涵、开展方式	课程负责人

续表

培训形式	培训内容	培训目的	主讲人
主题培训	如何在课堂中提高学生的参与度并进行有效评价	通过课堂案例了解课程设计与课程评价的原则与方法	课程专家
	激活“创新思维”	通过“主题培训”，感知活动课教学模式的具体操作方式	课程部教师
	唤醒“沟通表达”		课程部教师
教学观摩与研讨	联合国	依托不同主题的教学观摩课，直观感受世界公民课程的教学目标、内容与形式，直观感受活动课教学模式的开展方式	二十五中学
	水资源		课程部外教
	Failure		课程部外教
	志愿服务		五十中学分校
	书法的韵律		课程部教师
	国旗		一六六中学
	世界体育——奥运会		和平北路学校
	动物保护		十一中学分校
教学主题与内容开发	中西建筑	基于已有教学设计，进一步丰富各模块的教学主题与内容，完善课程体系，通过教师分享，实现互学互鉴，深化对活动课教学模式的理解	一六六中学
	道歉		五十中学分校
	货币		课程部教师
	动物保护		课程部教师
	难民		五十中学分校
	服饰礼仪		五十中学分校
	世界人口		和平北路学校
	饮食文化多样性		二十五中学
	生物多样性		一七一中学
	中西音乐		十一中学分校

续表

培训形式	培训内容	培训目的	主讲人
活动案例体验	One-way Communication	通过对课堂活动的真实体验，深入感知活动课教学模式的特点及开展方式，加强对活动课的理解	课程部外教
	Silent Skit		课程部外教
	穿越 A4 纸		课程负责人
	解绳		课程负责人
	进化论		五十中学
	我心中的一朵花		十一中学分校

【课程评价】

世界公民课程的评价方式具备完整的评价体系，兼顾过程性评价与终结性评价的有机结合，评价过程关注学生的参与性、自主性、能动性，以期更好地实现教学评价的激励、促进功能，更有效地发挥教学评价的积极作用。

1. 过程性评价

（1）课堂参与

学生的“课堂参与”情况在学期评定中所占权重为 40%，其评价时间贯穿该课程的每一节课。从个体角度看，课堂参与包含学生自我评价、同伴互评、教师评价；从群体角度看，课堂参与包含小组自评、组间互评、教师评价，通过上述评价方式及维度，实现组内及组间评价的客观性、全面性、多维性，实现学生在每一节课、每一个环节的主动参与和积极分享。

（2）阅读拓展

“阅读拓展”在学期评定中所占权重为20%，其评价时间分别为学期的第四周及第八周。阅读拓展精选了与不同模块下的教学主题相关的阅读文本材料，将其作为教学主题的拓展部分，供学生进行选择性阅读。每学期，学生可从中自主选择两篇最感兴趣的文章，阅读并完成读后问题，教师将分别于第四周及第八周收集学生完成的阅读作业，进行成绩评定。这一评价方式实现了学生课内外知识的补充与延展，在阅读材料方面，为学生提供了多样化选择。

（3）小组作品

“小组作品”在学期评定中所占权重为40%，其评价起始时间为每学期的第十二周。学期初，教师会为学生提供与课程主题相关的小组作品清单，各组结合自身的兴趣特长分工合作，选择本组感兴趣的作品主题及呈现方式，于学期第十二周提交小组作品。这一评价方式充分发挥了学生的主观能动性、合作性、创造性。

2. 结果性评价

学期末，综合上述过程性评价的三个维度，教师为每个学生进行终结性成绩评定，生成“期末成绩报告单”。报告单包含学生的课堂参与、阅读拓展及小组作品三个方面，分别从主客观两个角度对学生的整体表现开展多维度评定。

【课程资源建设】

为使各校教师在课程实施前期做好充分准备，交流中心自课程在各校推送以来，不断丰富、完善世界公民课程资源，使课程得以顺利推进，具体资源如下。

教学网络资源包：教案、课件、学案、阅读材料等。

世界公民读本：依据课标自主编写的阅读扩充材料。

世界公民教案集：依据课标、学情开发的教学设计案例。

世界公民教师培训手册：为世界公民任课教师量身打造的培训方案。

学生评价量表：学生课堂表现评价量表、小组课堂表现评价量表。

课程调查问卷：含开课初期调查问卷及结课调查问卷。

【实施条件】

1. 组织保障

东城区国际教育交流中心成立了课程领导小组（见图 3–4）和课程工作小组（见图 3–5），以保障课程实施工作的稳步进行和有效推进。

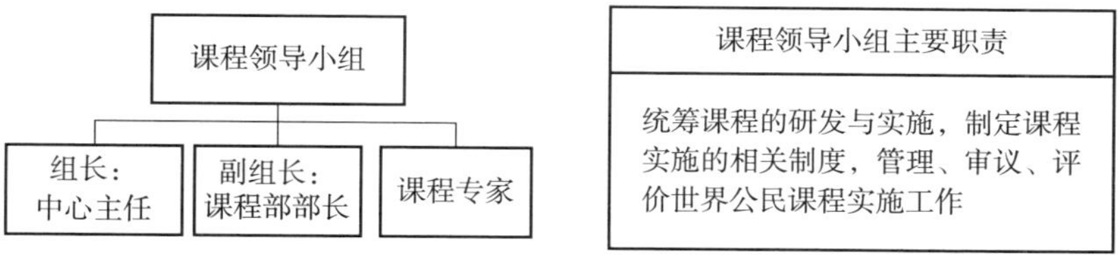

图 3–4　课程领导小组结构图

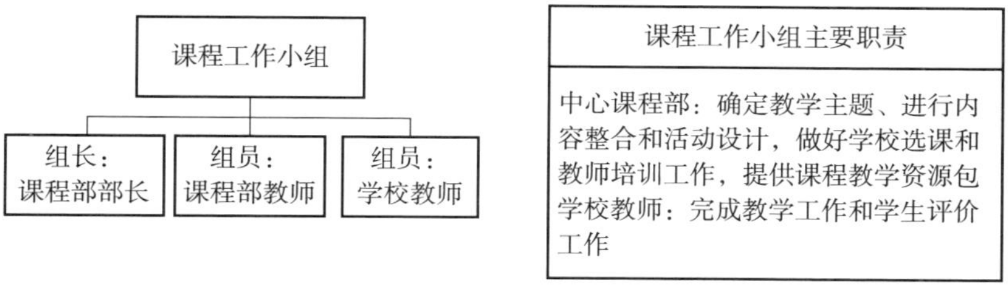

图 3–5　课程工作小组结构图

2. 机制保障

东城区国际教育交流中心建立了全方位的课程运行保障机制（见图 3–6），以确保课程实施工作的顺利开展和可持续发展。

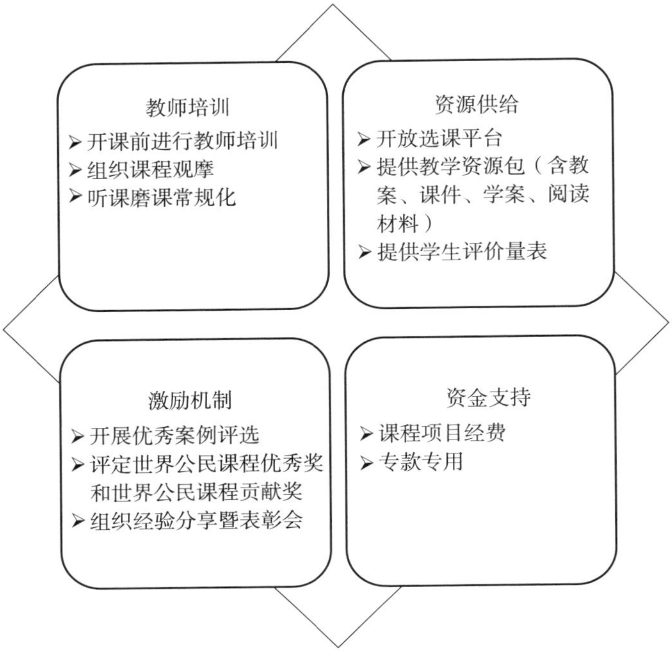

图 3–6　世界公民课程实施机制保障示意图

【相关获奖情况】

2018 新时代创新教育实践研训活动暨创新教学课例征集评选一等奖。

2018 北京市东城区基础教育教师优秀课堂教学设计征集与评选活动一等奖。

《东城研修》杂志上刊登了题为《“学习金字塔理论”在世界公民教学中的应用》一文。

课程论文《世界公民课程建设的实践研究》代表东城区晋级“2017—2018 学年度北京市基础教育课程建设优秀成果市级评选活动”。

（四）“星空有约”天文实践课程纲要

课程名称：“星空有约”天文实践课程

设计者：孙艳梅、高佳

推荐单位： 北京市第五十五中学

适用年级： 七年级、八年级、高一、高二

总课时： 36

课程类型： 科学与技术

【课程简介】

“星空有约”天文实践课程是面向北京市第五十五中学（以下简称五十五中）非毕业年级学生开设的一门拓展类课程，是一门普及天文科普知识，培养学生科学实践能力和创新能力的天文实践课程。该课程为喜爱天文的学生搭建了一个施展才华的舞台，依托五十五中天文校本选修课程和天文社团实施。学生利用学校专业的天文设备，在教师的指导下，以科学研究的方式主动在实践中获得天文学方面的知识，同时积极思索，发现问题、探究问题并创造性地运用知识解决实际问题。内容包括：天文知识讲座、望远镜操作、星空观测、天体摄影、天文研学实践及天文竞赛等。本课程将带领学生徜徉在美丽的星空下，探索宇宙的奥秘，进而丰富学生的天文知识，培养学生的科技意识，提高学生的实践能力和创新能力。

【背景分析】

随着我国航空航天事业的飞速发展和科技水平的不断提高，学生对宇宙的探索产生了浓厚兴趣。“星空有约”天文实践课程在此背景下创立，是五十五中的特色科技课程，该课程创立于2014年，由孙艳梅老师自主开发、创立并实施。课程创设以来，学校领导高度重视并给予了大力支持。该课程主要依托五十五中天文校本选修课程和天文社团实施，采取课堂教学渗透与课外实践相结合的方式，注重开发整合校内、校外丰富的资源，对学生进行多方位的科技教育。学生借助我校先进的天文设备，在辅导教师的指导下开展丰富多彩的天文科技活动。这些活动的开展，不仅开

拓了学生的天文视野，培养了学生的科技素养和创新潜质，还提高了学生的实践能力，为其将来进入高校深造奠定了基础。该课程深受学生喜爱，开发至今，累计培养天文骨干 60 余人，天文爱好者近千人。他们在北京市天文科技竞赛、北京青少年科技创新大赛以及金鹏论坛中均取得了优异的成绩，累计获奖达百人次，其中市级一等奖 34 人次。

【指导思想】

北京市第五十五中学建校 60 多年来，高度重视科技教育。学校以“培养学生的科学思想、科学精神、科技方法与科技能力，创学校科技教育特色”为科技教育的总体培养目标，着力培养学生的科学精神和科学思想，挖掘学生的科技潜质，在普遍提升学生科学素养的基础上致力于培养“优秀基础加突出特长”的高端项目，实现有层次地开展科技教育活动的目标。近年来，学校在全面开展科技普及教育的同时，着手抓特色项目的建设，其中天文实践项目就是学校科技教育特色项目之一，旨在提升学生的核心素养，促进学生的全面发展。

【课程目标】

长期目标：为喜爱天文的学生搭建施展才华的舞台，培养学生的科技意识和创新意识，提高天文实践力，培养天文骨干和天文科技特长生，为高校输送致力于天文事业的人才，培养祖国天文事业的栋梁之材。

中期目标：通过开展天文科技系列实践活动，让学生多角度、多层次地学习天文学知识，提升学生的核心素养与科学研究能力。

近期目标：通过开展“星空有约”天文实践课程，不仅让学生了解我国天文学的发展史，掌握天文理论知识，体会民族智慧与创造精神，还能够使其熟练使用天文望远镜，开展天文观测，提高学生的动手操作能力和天文实践能力，培养吃苦耐劳、持之以恒的精神，促进学生的全面发展和健康成长。

【课程内容】

根据我校学生的实际情况和学校现有的资源设备等，结合学生的兴趣和特长，安排课程内容，有定期内容也有根据实际情况灵活设定的内容，重在突出学生的主动参与。

定期开展天文知识系列讲座，包括四季星空的主要星座及亮星、黑洞、梅西耶天体等，望远镜的发展史及其构造、性能、使用等。

外出观测与天文研究，包括天文观测、天体摄影、望远镜操作技能、尝试天体摄影、开展天文研学等。

参与高校的寻星计划，请专家指导，开展特色天文课题研究，提高学生的科研能力。

参加国家级、市级、区级天文竞赛。

【课程评价】

1. 评价包括过程性评价和结果性评价

（1）过程性评价（40%）

教师评价：学生出勤、课堂参与度、学习积极性（情感态度）等。

小组评价：组内交流合作表现、小组作业 / 作品等。

学生自评：自己学习过程的感受、获得及学习目标达成情况。

（2）结果性评价（50%）

作业 / 作品 / 课堂展示等（学习结果）。

（3）特色加分项目（10%）

根据级别不同，加分权重在 5%—10% 之间，包括参与市级、区级天文竞赛获奖级别，参与市、区天文科技活动展示，参与特色天文研学实践等。

2. 评价结果的使用

评价结果是优秀学员评定及推荐校园科技之星评选的重要指标。

【课程资源建设】

学校有固定的天文活动场地——153平方米的地理教室和教学楼顶的大平台、专业的天文设备、天文教材及天文学习用具等，还拥有星特朗C8HD自动跟踪天文望远镜、CCD相机、行星摄像头、星野赤道仪等专业天文设备。在青少年教育学院的大力支持下，我们还完善了学校天文器材的硬件资源，比如，新购置了日珥镜、摄星镜、赤道仪等设备，为高效开展天文教育创造了有利条件。此外，学校是北京市天文学会团体会员校，与清华大学物理系、国家天文台兴隆观测站、北京天文馆、东城区青少年科技馆以及怀柔区学生活动中心等单位有着密切联系。

【实施条件】

1. 课程渗透

“星空有约”天文实践课程主要依托天文校本选修课程和天文社团实施，以有计划、分层次、因材施教的方式培养天文人才。天文校本选修课和天文社团，每周开展一次。天文校本选修课被纳入学校正式课表，该课程主要是为那些对天文感兴趣、无天文基础的学生设计的，重在普及天文科普知识，提高科技意识，培养更多天文爱好者。天文社团安排在每周五的放学后进行，该社团是为那些酷爱天文、有一定天文基础且具有科学潜质的学生开设的，主要开展天文观测、天文摄影和天文课题研究等，培养天文骨干。学校每年严格筛选成员，挖掘天文苗子，结合校内、校外资源共同培养，努力为天文特长生搭建广阔的发展平台。关注学生的实际获得，关注科学实践力。结合学生自身的兴趣、特长和潜质，对学生进行“量身定制”，培养其专长，以期成长为天文科普小达人、观星小达人、天文摄影小达人以及天文科研小达人等。

2. 学科融合

充分挖掘地理教材中与天文有关的素材，结合生活中的地理现象开展天文研究性学习，并引导学生深入探究，获得结论，解决问题。比如，学校天文社团成员利用测物体影长的方法，观测并记录了北京地区一年的正午太阳高度角，换算并分析数据，从而得出北京地区一年中正午太阳高度角的变化规律，用科学的方法验证了书本中的知识。同时，通过实际调研发现，北京地区安装的太阳能热水器集热板的角度一年中始终保持不变，这样便大大减少了热水器的热效能。如何才能最大化地利用太阳能？队员在观测的基础上开展了更加深入的研究，并提出了合理化的建议。撰写了研究性学习成果——《北京地区正午太阳高度对太阳能热水器热效率的影响研究》。

3. 参与各级各类天文实践活动

通过开展走进北京天文馆、走进国家天文台兴隆观测站、走进清华大学、探秘平塘“天眼”等天文实践活动，学校为有天文特长和科学潜质的学生搭建更高的平台。

4. 多渠道渗透天文知识

在每期的天文社团开办时，辅导教师都会组建“××年星空有约”天文社团微信群，及时发布通知、发放天文资料、进行天文研讨。利用微信朋友圈及时发布五十五中的天文科技活动及重要的天文信息。

【相关获奖情况】

1. 连续五年在北京市学生科技节天文观测竞赛、青少年科技创新大赛及金鹏科技论坛中取得了优异的成绩，累计获奖达百人次，其中市级一等奖 34 人次。

第五十五中学 2016 级天文骨干沈心航同学，喜爱天文摄影和观测，经过层层考核和选拔，成功入选 2016 年英才计划，并有幸成为清华大学物理系王教授的学生。该生在导师的指导下，对超新星开展了长达一年多的科学研究。沈心航同学多次到国家天文台兴隆观测站实习，拍摄超新星光谱，开展研究活动，代表学校参加在中科院举办的英才计划中期成果汇报展示，获专家好评；2017 年 1 月，在兴隆观测站拍摄超新星光谱，与导师、博士生及其他英才计划学员共同证认了 Supernovae 的类型。作为合作者之一，沈心航的名字被列入 astronomerstelegram.org 国际网。他的研究成果获第 37 届北京市科技创新大赛一等奖，他个人也获得天文新星奖。

2. 学校多次荣获北京市天文竞赛优秀组织奖。

3. 2017 年获得东城区星光科技团天文分团称号。

4. 作为区优质课程参加青少年教育学院 2017 学院制课程建设展示活动。

5. 应邀参加东城区第三十七届学生科技节展示活动。

6. 学校成功承办 2017 年北京市中小学生天文观测竞赛。

（五）绿色能源车项目与 STEAM 课程纲要

课程名称：绿色能源车项目与 STEAM 课程

设计者：谢小军、孔祥坤、蒋卫卫

推荐单位：北京市第一六五中学

适用年级：七至九年级

总课时：13

课程类型：综合实践课

【课程简介】

以绿色能源电动车为载体，在东城区学院制改革的背景下，着眼学生发展核心素养，融合 STEAM 理念，面向学区内的中学生，从车体构造、运行原理、工程设计、团队建设、对外宣传等方面入手，开展相关领域的课程学习和动手实践活动，通过任务驱动和小组合作学习，培养学生的科学思维与动手能力、创新意识与工匠精神、责任意识与担当精神，努力为学生创造个性成长的平台，实现优质课程资源的精准供给和学区共享。

【背景分析】

教育供给侧改革要求学校教育要贴近学生的消费需求和消费习惯，既要满足学生的个性发展，又要能对准未来社会的需求。学生在成长的过程中需要明确自己的发展方向，正确规划自己的人生道路。随着中国学生发展核心素养研究成果的发布，国家对学生、教师、学校的发展提出了更高的要求，作为教育实施的主体，学校要坚持立德树人、以人为本、更新理念、与时俱进、传承文化、落实价值，使学生形成适应终身发展和社会发展需要的必备品格和关键能力。如何培养人，培养什么样的人，值得我们深入思考。2015 年，东城区实施学院制改革，经过长期的探索与实践，逐步构建了以学生多元发展和个性发展为导向，以共建、共享、共发展为原则，以开放性、选择性、连贯性为特征的课程体系，在“1+N+8+X”的组织运行机制下，多渠道输入课程资源，实现了课程供给在区域内的全方位流通，为东城区人才培养构架起了一座四通八达的“立交桥”。北京市第一六五中学是东城区科技示范校，多年来在“让每一个学生都精彩”的办学理念下，努力为学生打造健康个性成长平台。绿色能源车项目自 2016 年 12 月引入学校，成为学校重点开发的科技项目，同时也组建了专家团队与教师团队，深入挖掘该项目的教育价值与内涵。该项目融合各学科知识，以任务驱动的方式引导同学们在做中学，学校在动手实践活动的基础之上进行了资源的整合，构建了 STEAM 课程，以此来培养学生的关键能力和必备品格，让学生学会像科学家一样思考，像工程师一样解决问题。学校希望通过积极的探索与实践，在创新人才培养以及学生个性成长方面有新的突破和成就。

【指导思想】

有效落实立德树人的根本任务，培育和践行社会主义核心价值观，聚焦学生发展核心素养，以学生为主体，关注学生的个性需求，遵循学生发展的一般规律，为学生创设丰富的学习情境，融入 STEAM 教育理念，以任务驱动学生在做中学，使学生在观察、提问、设想、动手实验、表达、交流等探究活动中，体验科学探究的过程，建构基础性的科学知识，获得初步的科学探究能力，培养学生们的科学态度、科学精神、科学思想、科学思维与科学方法，使他们形成科学正确的世界观，促进学生的全面发展，逐步形成适应个人终身发展和社会发展需要的必备品格和关键能力，最终成长为高素质的创新人才。

【课程目标】

知识与能力目标：了解汽车工业的发展历史，感悟科学技术的迅猛发展；了解团队组建的一般流程，能够顺利地进行角色分工与团队合作；熟悉工业设计的一般流程，培养学生的艺术创作能力与创新精神；在项目中渗透数学、物理、化学、生物、通用技术、信息技术、文学、艺术等各学科知识，完善知识体系的建构。

过程与方法目标：在具体的任务驱动下，培养学生发现问题、提出方案、实验探究、问题讨论、得出结论的科学研究方法；认识汽车的结构，掌握基本工具的使用方法，以团队为单位组装绿色能源电动车，培养学生的团队合作意识；了解演讲的方法与技巧，积极实践练习，增强自我认同感与自信心。

情感、态度与价值观目标：了解身边的科技成果，主动关注前沿科学，为国家绿色、和谐、可持续发展贡献力量；关注科学技术的飞速发展，认同科学技术是第一生产力，科技可以改变世界、创造未来，培养学生的国家认同感与荣誉感；在解决问题的过程中，培养学生的责任意识和担当精神，激发学生的创新意识和工匠精神，磨炼意志，提升自我。

【课程内容】

课程内容围绕绿色能源电动车的设计、安装、驾驶、比赛等环节展开，融合科学、技术、工程、人文、数学的学科思想，选择合适的切入点，将课程目标融入其中，既要关注课程本身知识的深度与广度，又要考虑课程的趣味性和挑战性，通过对项目资源和已有课程的整合，最终设计了10节课的内容，由浅入深，层层递进，以电动赛车为线索，关注每一环节知识的横向延伸，加强学科融合，通过动手实践和问题解决，有效落实课程的育人目标，满足学生的个性需求。

第一课：认识身边的汽车（1课时）

了解汽车发展的历史，引导学生认识汽车的功能与价值，分析汽车工业发展面临的问题与挑战，鼓励学生设计创作未来的新型汽车，并进行交流展示。

第二课：团队建设与素质拓展（2课时）

组建学生团队，进行团队建设，选出队长，合理分工，设计团队名称、口号、队徽、队旗等，通过纸环游戏、鸡蛋撞地球、意大利面小车等环节进行素质拓展，增强团队凝聚力。

第三课：汽车品牌与车标设计（1课时）

结合实例认识世界著名的汽车品牌，认识不同品牌的车标，了解车标组成的基本元素与基本的设计方法，让学生独立设计车标并与同学分享自己的设计理念和创新点。

第四课：飞转的车轮（1课时）

了解车轮的起源和演变历史；了解车轮的结构和工作原理；感受车轮演变过程中社会文明的进步；独立完成车轮的设计与制作，体会车轮的工作原理和工业设计的一般流程，学会使用简单的工具，培养科技创新意识和团队合作意识。

第五课：绿色能源中的物理学（1课时）

了解汽车科技中涉及的物理学知识，对摩擦力、空气动力学、电动机、电路等基本知识有更深入的认识，指导学生自制电动机，了解电能转换成机械能的原理，并且对能量转换效率进行分析和实验探究。

第六课：电动赛车的组装与工具的使用（3 课时）

结合绿色能源车项目提供的图纸进行电动车的组装，了解工具箱中每一种工具的作用和使用方法，完成车辆主体、转向系统、制动系统、动力系统、电路系统的安装。

第七课：车壳设计与艺术创作（1 课时）

以团队为单位进行车壳设计，绘制图纸，分享设计理念，学习喷漆、彩绘、编织、裁剪等基本的艺术创作方法，学会使用电熔胶枪、拉铆枪、电钻、设计软件，鼓励学生利用废物改造进行车壳制作，鼓励学生融入传统文化和现代元素。

第八课：演讲的艺术（1 课时）

观看视频资料，命题演讲，指导学生撰写演讲稿，了解演讲的技巧，从文字的表现力、声音的感染力、面部表情、手势动作、身体姿态等方面对学生进行现场教学，让学生体验到演讲的艺术魅力。

第九课：新能源开发与生态保护（1 课时）

了解新能源的种类与应用前景；了解盐水车的结构与原理；通过动手组装盐水车和实验设计，主动地探究提高能量转化效率的方法；通过资料分享和任务体验，认识新能源开发与生态保护的重要性。

第十课：人工智能与无人驾驶（1 课时）

体验绿色能源电动车驾驶的刺激，了解无人驾驶的设计原理和人工智能在汽车制造中的应用。让学生使用套材组装巡线小车，了解传感器的工作原理，并完成指定路线的行驶任务。

【课程实施】

课程设置：遵循自由、开放、融合、实用的原则，融入科学、技术、工程、艺术、数学学科思想，通过项目式学习和小组合作学习的模式，构建学校特色的校本课程。活动的开展，以参观、调研、体验、竞赛为主线，拓展合作单位，要求全身心投入、沉浸式体验、情景式探究，通过个性化的服务和专业化的辅导，形成多元的社会资源网。以活动作为课程的支撑，以课程促进活动的开展，双线并行为学生提供既有理论学习，又有动手实践；既有知识强化，又有能力提升；既有视觉冲击，又有深刻感悟的学习活动平台。

课时安排：每周2课时，上课时间为每周二（社团）、周五（选修课）。根据课程完成情况，教师可以适当延长活动时间。周二主要进行理论学习和小组讨论，周五主要进行实际操作与成果展示。以一学期为周期，完成相关内容的学习。此课程作为国家课程的补充与拓展，被纳入到特色课程的建设中来，极大地丰富了学生的校园生活与校园文化。

授课模式：问题引导与小组合作学习相结合，教师为学生创设特定的情境，提出具体的任务，以任务驱动学生主动获取知识、提升素养。增加动手实践的环节，让学生熟悉解决问题的一般途径。采取小组合作的方式，发挥每个学生的特长和优势，合理分工，密切合作，建立积极的相互依赖，收获成长的自信。每节课都要有学生创作、交流、展示的环节，教师作为课程学习的组织者，在课程学习过程中主要承担简单指引和关键辅导工作，把多数时间留给学生进行学习、探究、总结、提升。

学情分析：初中生已经具备了一定的知识基础和动手能力，能够独立进行艺术创作和科技创新，在专业教师的指导下，学生能够迅速地掌握机械工程、艺术设计、沟通交流的基本方法，可以独立完成一些简单的任务。但是，由于缺乏经验，视野不够开阔，自我的潜能有待进一步激发与提升，在创新环节想法不够大胆，需要深入学习并加以训练，从而实现自我的突破与成长。初中生的团队合作意识不强，不能有效分工，发挥各自的优势，解题能力较强但解决问题的能力有所欠缺，不能顺利地分析、讨论问题，从而拿出解决方案，需要在具体的情境中进行强化。

成果展示：课程成果展示分为两部分，第一部分，学生组建车队共同组装设计电动赛车，设计队徽、队服、队旗，形成车队文化，通过演讲、巡游、竞速比赛、科普宣传等方式进行展示；第二部分，学生在学习过程中记录每一次活动的收获，形成具有每个人特色的成长手册，这是学生成长和课程价值的重要体现。选取优秀的学生作品在学校宣传栏进行展示分享，将每节课的优秀作品和手册上的感人文字汇集成册，以出版物的形式进行保留与传承。

评价方式：过程性评价和成果性评价相结合。在自评过程中，学生认识自我，改变自我；在互评过程中，拉近距离、学会倾听、赢得自信；多元的评价方式加强了师生情感的交流，是学生良好性格养成的必要途径。

学生选拔：首先在校园内张贴宣传海报，下发宣传资料，学校利用年级会和校会的时间向全校师生进行项目宣讲，通过大量的过程性视频和图片，学生们对该项目有了感性认识，也激发了学生积极参与的热情。学校面向全体学生布置任务，即设计一件创意作品，以图片、文字或实物的形式呈现，描述作品的创新点，以此作为初选的材料。

学生申报主要采取学生自愿报名与班主任推荐的方式，指导教师会根据岗位职责遴选合适的人员，面试阶段需要学生进行自我介绍，简述自己对绿色能源车项目、科技创新的认识，谈谈个人优势以及相关经历。面试中涉及的问题有：你在团队中的角色？你能为团队带来什么？如果团队活动占用了你的学习时间，你会如何处理？活动中遇到困难时，你会如何应对？等等。教师团队会对学生作品和面试情况进行综合评价与打分，最终根据学生的整体表现确定人选。

学生管理：为了打破传统的管理模式，我们大胆地在项目中实行自管理模式。项目前期，教师在管理上进行示范引领，将管理理念和经验渗透给学生，组建学生管理团队，师生共同制定岗位职责、工作流程、评价标准以及奖惩制度。教师的角色逐渐过渡为辅助管理。团队根据工作任务分为四个部门：工程部，主要负责车体的组装、电路的连接、功能的调试、赛车的维护；设计部，主要负责车壳的设计，车体的装饰，队徽、队旗以及队服设计；外联部，主要负责营销计划的制订，车队的对外宣传与包装；实战部，主要负责实战比赛与安全指导。团队成员各司其职，团结协作。在活动中，我们不断地强化学生的责任意识和全局意识，促进学生以主人翁的态度去协调和落实各项事务。在项目中，弱化教师管理的角色，让学生在自我管理的过程中体验责任与信任、沟通与包容、分享与奉献的重要性。

为了保障团队文化的传承与发展，发扬老队员团结协作、勇于实践的优良作风，我们将尝试实行学长制，新成员的选拔、面试、项目的宣讲等将由老队员完成，团队内部的各项事宜由老队员负责传达和落实，希望能够在项目管理过程中激发学生的管理潜能，积累经验，形成完善的自上而下的管理体系，以构建民主、自由、开放的管理生态。

【课程评价】

1. 过程性评价与成果性评价相结合

过程性评价：记录学生每次课的表现，分为 A、B、C、D 等级评价。将等级折算成分数（百分制），作为课程评价的一部分。

成果性评价：学生在整个学习过程中同步完成成长手册，记录每次课的收获和感悟，教师要根据成长手册的完成质量进行打分（百分制），此分数作为评价的重要部分。每次课程学生完成的作品都会有专业教师评分（百分制），此分数作为平时成绩计入学生的总成绩。

2. 学生、教师、家长评价相结合

学生自评：学生填写问卷，对自己课程学习前后的变化进行客观评价。

学生互评：学生填写问卷，对团队中其他成员在课程中的表现进行客观评价。

教师评价：教师填写问卷，对学生的整体表现进行打分，并对学生后续的发展提出建议。

家长评价：家长填写问卷，对孩子在课程前后的变化进行评价。

【课程资源建设】

场地资源：在课程建设的基础之上，我们充分利用社会资源，开展一系列科技活动，以此作为课程的支撑，让学生在体验式科技活动中获得深刻的感悟和对价值的思考。我们组织学生走进东城区古城职高绿色能源车项目基地、北京工业大学电机博物馆、北京汽车博物馆等，学生在参观、体验的同时，可以深入到工厂车间、研发实验室、模拟驾驶舱感受科学技术的无限魅力与强大力量。

专家资源：学校聘请了东城区青少年科技馆、朝阳学生活动中心的模型专家走进校园，指导课程的开发与实施。通过校内外教育资源的共享，为所有学生发挥创意提供公平的机会和自由的环境，校外资源为学校提供合作性的技术支持和前瞻性指导。学生在校外的科技实践基地中，逐渐了解工业制造的过程，把握现代社会的创新脉搏，产生科技创新的冲动。

为了拓宽人际网，我们在家长会上向各位家长进行了项目宣讲和驾驶体验，希望能够在家长这个群体中找到志同道合之人，建立家校协作体，加强家校之间的联系。这不仅仅是基于项目本身的沟通，学生成长的话题也将成为家校沟通的重要内容，这会使建立在此项目基础之上的老师与家长的交流更加流畅。

经费资源：学校每年会得到东城区青少年教育学院课程开发专项经费的资助，同时，学生团队也会通过对外宣传和商业策划获得相关单位的技术支持和资金保障。

【实施条件】

创客教室（各类创客工具、交互式一体机、工作台、创客辅材）。

绿色能源车项目电动赛车与工具套装。

【相关获奖情况】

2018年4月,《以科技教育为载体，拓宽学生成长空间》获北京市第六届“智慧教师”教育教学研究成果二等奖。

（六）伤病急救与预防课程纲要

课程名称： 伤病急救与预防

设计者： 鲁印丽、王宏

推荐单位： 北京现代职业学校

适用年级： 五年级

总课时： 16

课程类型： 综合实践

【课程简介】

伤病急救与预防课程结合了生活中常见的创伤类型，使学生在愉悦的氛围中，感知生活，善于观察、乐于动脑、勤于动手，发现和解决问题；在体验探究中，激发学生的好奇心和探究欲，使其认识生活中的意外创伤危险，了解和掌握一些应急处置的基本知识与救助技能，培养自救自护的素养和能力，自觉践行“自应急、独生存”的理念，逐步形成良好的防护意识和健康的生活方式。

【背景分析】

伤病急救与预防知识是学生生活常识中的重要内容，对学生进行伤病急救与预防教育是保护学生自身安全，促进学生健康成长的重要措施。据调查，涉及青少年生活和学习方面的安全隐患达20多种，包括食物中毒、体育运动损伤、交通事故、火灾、溺水等，这些都危害着青少年的身心健康。近年来，政府对学生的安全教育工作越来越重视，不断加强应急体制机制建设，制定了一系列法律法规，促进学生安全教育的制度化与法律化建设。2006 年新修订的《中华人民共和国义务教育法》第一次将中小学安全教育以法律的形式确定下来。2007 年，全国人大常委会会议通过的《中华人民共和国突发事件应对法》第三十条规定，各级各类学校应当把应急安全知识教育纳入教学内容，对学生进行应急知识教育，培养学生的安全意识和自救与互救能力。2017 年 5 月，中国下一代教育基金会“青少年应急教育专项基金”正式启动，将在全国范围内开展一系列“应急教育课程、应急教育体验活动、应急教育空间建设等”相关应急教育项目。

五年级的学生活泼好动、充满探索欲与实践欲，他们在生活中难免出现各种安全隐患或遭遇创伤威胁。鉴于他们已经具备掌握初级急救相关知识的认知水平，学校特为学生发展设计了应急安全教育的综合实践活动课程。本课程从学生安全意识的建立入手，结合学生对生活经验的感知与积累，甄选出了与学生生活息息相关的 8 个“伤病急救与预防”的主题：“动物蜇咬伤”“烧烫伤”“食物中毒”“水域安全”“120 应急救护”“止血包扎”“异物入体”“伤员搬运”。这些课程具有现实性、综合性、实践性的特点。

整套课程从构思、设计及教学呈现的全过程等方面，力求激发学生自主学习的兴趣，引导学生关注身边有关人身安全的事件与活动，鼓励他们积极思考、自主探究，逐渐形成良好的安全意识，以及遭遇困境时沉着冷静、遇事不慌的心理素质，促进学生的全面发展和核心素养的提升。

【指导思想】

开展应急安全教育工作是做好教育工作的本职要求，是维护和实践人民根本利益的必然要求，也是构建社会主义和谐社会的基本要求。应对当前的严峻形势，贯彻《中小学综合实践活动课程指导纲要》的要求，要把应急教育常态化、系统化，推动引领教师工作的转型发展，结合北京现代职业学校专业优势，开发系列应急安全教育课程，普及应急安全知识，倡导学会生存的理念，并将其内化为学生的安全意识与行动，提升学生应对突发事件的能力。

课程设置基于学生的直接经验，密切联系学生的个人生活和社会生活，以帮助学生“建立应急意识”为主，“认识或了解应急措施”为辅，不过于强调专业性的医疗急救技能，而是注重引导学生形成安全防护意识，打造学生高效参与的学习模式，晓之以理，从小事中培养安全意识；动之以情，在小事中提高自我保护能力；导之以行，自觉远离伤病危险，营造健康、文明、和谐的校园氛围。

【课程目标】

知识目标：通过课程学习，认识日常生活中常见的伤病隐患，初步了解应对与预防措施。

能力目标：围绕实际问题，通过案例分析、自主探究等方式，结合一定的实践操作，初步建立面对伤病时灵活应对的基本思维方法，初步掌握相应的应急处理技能。

情感、态度与价值观目标：通过系列主题学习，关注日常生活中的伤害隐患，树立伤病应急意识，在助人中自助，在互助中成长，建立珍爱生命的态度，养成良好的生活习惯。

【课程内容】

模块一：危急关头——120 正确呼救（2 课时）

主要内容：学习、体验正确拨打 120 急救电话的方法与流程。

模块二：化险为夷——创伤止血与包扎（2 课时）

主要内容：学习伤口清洁、止血、包扎的知识与技能。

模块三：拒绝火吻——烧烫伤应对与预防（2 课时）

主要内容：学习烧烫伤的应对措施。

模块四：隐藏杀手——美味中的食物中毒（2 课时）

主要内容：学习食物中毒的类型和症状、常见的中毒食材以及中毒后的一般应对措施。

模块五：病从口出——可怕的动物蜇咬伤（2 课时）

主要内容：了解动物（狗、蛇、蜂、蚊）的蜇咬危险，掌握应对与预防的知识与技能，学习自制家庭捕蚊器。

模块六：夏日防溺——水域安全有绝招（2 课时）

主要内容：了解溺水时的症状；体验溺水者正确的自救与救助方式。

模块七：日常防护——防止异物入体（2 课时）

主要内容：学习眼、耳、咽喉部进入异物的防护与应对方法。

模块八：伤者救护——伤员转移与搬运（2 课时）

主要内容：学习、体验、掌握伤员转移与搬运的基础方法。

【课程实施】

1. 课程实施策略

（1）以学生生活实践为出发点，注重培养学生的伤病急救与预防意识和应对突发事件的处置能力。

伤病急救与预防教育，需要从学生安全意识的建立入手，特别要强调培养学生的应急反应能力以及报警求救意识。在教学过程中，以学生的现实生活和社会实践为基础，充分结合学生的生活实践，传授必备的伤病急救与预防技能，使学生逐步形成良好的防护意识和健康的生活方式。

（2）以学生发展为本，打造学生高效参与的学习模式。

学生是教学活动的主体。活动的设计从激发学生兴趣、调动学生学习的积极性出发，采用“案例先行—观念引导—问题探究”的模式，引导学生在教师的有效指导下自主探究、自主实践、自主反思，主动参与各种活动，在“做”“探究”“设计”“反思”“体验”等一系列活动中发现和解决问题、体验和感受生活，将知识与技能应用到生活中，自觉关注身边发生的有关人身安全的事件与活动，逐渐形成良好的安全意识和防护能力。

2. 课程单元规划

本课程包含 8 个模块的内容，共计 16 学时，各模块为独立内容。

模块一：危急关头——120 正确呼救

在案例分析中感知应急救护的重要意义；在“120 急救知识魔方”的拼装操作中明确危急关头力所能及的救护措施；在情景模拟的表演展示中掌握正确拨打 120 急救电话的方法与流程，增强应急救护意识，培养关爱他人的情怀。

模块二：化险为夷——创伤止血与包扎

通过案例分析与实践操作相结合的方式，初步了解伤口清洁、止血、包扎的知识与技能，形成面对突发创伤时的应急处理意识。

模块三：拒绝火吻——烧烫伤应对与预防

通过学习了解烧烫伤的等级划分，掌握烧烫伤的应急措施，并能够说出生活中至少 3 种常见的烧烫伤隐患，自觉树立警惕意识，正确应对与预防烧烫伤危险。

模块四：隐藏杀手——美味中的食物中毒

在案例分析中认识食物中毒的危害；在自主探究中了解食物中毒的类型和一般症状，学会区分生活中常见的易造成中毒的食材；在师生互动中知晓食物中毒后的一般应对措施，自觉养成良好的饮食习惯。

模块五：病从口出——可怕的动物蜇咬伤

围绕“蜇咬伤”的生活话题，结合漫画小黑人的故事，通过动脑、动手、探究、设计、创作等，了解生活中常见动物（狗、蛇、蜂、蚊）的蜇咬危险，初步掌握应对此类突发事件的知识与技能，增强防范意识、卫生意识，理性处理人与动物之间的关系，并学会自制家庭捕蚊器的方法。

模块六：夏日防溺——水域安全有绝招

通过实验活动，初步了解溺水时的症状；通过体验活动，知道面对溺水者时正确的救助方式；通过案例分析，知道陌生水域存在危险隐患，珍爱生命，不游野泳。

模块七：日常防护——防止异物入体

通过案例分析、小组合作探究的形式，认识生活中常见的眼、耳、咽喉部进入异物的情况，知道一般的防护与应对方法，树立日常异物防护意识，养成良好的生活习惯。

模块八：伤者救护——伤员转移与搬运

在案例分析中了解搬运的好处及对伤员的帮助；在小组合作体验中掌握基础搬运方法；在归纳总结中对伤员搬运形成全方位的认识，帮助学生在生活中建立避险意识，养成良好的防护习惯，建立伤病创伤防护意识。

【课程评价】

1. 指导思想

以《基础教育课程改革纲要（试行）》的评价理念和要求为指导，坚持“立足过程，促进发展”的课程评价原则，注重学生在应急安全课程活动过程中的实际体验和发展程度的检测，通过评价促进学生综合能力的发展。

2. 评价原则

第一，过程性原则。伤病急救与预防主题课程是一门以学生自主探究与实践活动为主的课程，注重对学生活动过程中的表现评价。只要学生经历活动过程，对应急安全相关内容形成一定的认识，在生活中树立了防范意识，获得了实际的体验和经验，就应该肯定其活动价值，给予积极的评价。

第二，多元性原则。本课程强调评价标准和评价角度多元化。通过建立学生小组档案和收集学生作品成果照片的方法，以定性为主、量化为辅、自评与他评相结合的多维评价方式，对学生参与综合实践活动过程中的学习态度、合作精神、探究精神与学习能力、成果输出、收获与反思等进行评价。

第三，反思性原则。充分发挥评价的教育、改善、促进的功能，引导学生反思自己的实践活动。培养学生记录活动过程的习惯，通过活动过程交流和活动成果汇报，让学生学会讨论问题、交流方法、分享成果，达到自我反思、自我改进的目的。

第四，激励性原则。坚持正面评价，运用表扬、鼓励、表彰等方法激励学生，并将其贯穿于整个课程实施过程，使激励评价成为学生获取成功的动力。

3. 评价内容

学习态度：遵守课堂纪律，维护课堂秩序；参与课堂活动态度积极，完成任务认真。

学习过程：活动执行中积极思考问题、主动提出活动设想或建议；合作精神。包括积极参与小组活动，主动帮助别人和寻求别人帮助，认真倾听同学的意见，乐于与别人一起分享成果；认真分析知识信息材料，进行技能实践。

学业成果：对学生作品或表演展示的完成情况进行评价；学生能将知识举一反三，能够说出所学知识在生活中的应用。

4. 评价方式

日常观察即时评价：贯穿于教学活动的整个过程。一方面，可以随时随地激励学生，调节课程的实施；另一方面，日常观察能有效地提高形成性评价的准确度和有效率。

成果展示：包括学生作品、课上任务完成情况等。

个人评价、小组评价、教师评价相结合：期末学习成绩达到“优秀”标准的学生，获得学校颁发的课程优秀证书，以资鼓励。

表 3–5　伤病急救与预防课程评价量表

学生姓名：

评价项目		单元一	单元二	单元三	……	分项评价
学习态度	遵守课堂纪律					
	课堂态度积极					
学习过程	任务中能够提出设想或建议					
	与小组合作，主动为同伴分担困难					
	认真分析知识材料，进行技能实践					
学业成果	课堂展示					
	联系生活					
总评						
说明：1. 每一格最多一颗星，总共 56 颗星，48 颗及以上为优秀，40~47 颗为良好，33~39 颗为及格，33 颗以下为待及格。 2. 每颗星计 1 学分。						

【课程资源建设】

课程资源建设是课程有效实施的核心工作。根据学校“按照一流的标准建设课程资源、促进整体战略转型”的要求，本着为中小学服务、助力学生综合素养提升的原则，凝聚校内外优势、智慧，借助、借准外力，精诚合作，共建共享，通过引入、加工、改造、整合的方式，建设满足学习者多元、灵活的学习需求，实用、适用的课程资源。

第一，公司合作开发。北京耕新教育文化公司是长期从事课程开发的专业公司。我校经过多次考察、探讨、论证，与其确立了合作关系，在校领导的带领下，在认真学习《中小学综合实践活动课程指导纲要》的基础上，借助我校的专业优势，共同合作开发了伤病急救与预防系列课程。该课程从学生的真实生活和发展需要出发，引导学生从生活情境中发现问题，将问题转化为活动主题，通过探究、制作、体验等方式，培养学生的综合素质，符合综合实践活动课程的发展方向。

第二，专职教师授课。该课程教师团队由北京现代职业学校医学专业课教师和文化课教师组成，任课教师具备卫生急救相关知识，教学经验丰富。课程负责人有较高的学术水平和教学水平。团队注重教学反思，经常开展教研活动，针对学生年龄及身心特点，研究先进、实用的教学方法和手段，理论教学与实践教学并重，促进教学质量的提升。

第三，教学资料齐备。配套的教师手册、学生手册、教案、PPT、任务单、课程资料及与各个课程相匹配的教具材料等，为教师授课和学生学习奠定了基础。

【实施条件】

场地：教室、讲台、课桌、电脑、投影仪。

耗材：课堂资料及与各个课程相匹配的教具材料，如包扎材料、模拟伤口贴、教具模型等。

耗材折合：10 元 /（生・课时）

【其他】

课程实施以来已经为培新小学、宝华里小学、定安里小学、崇文小学等多所小学 600 余人次的学生提供了教学服务。

（七）你不知道的小吃文化课程纲要

课程名称：你不知道的小吃文化

设计者：庞晓玥、卢晓光

推荐单位：北京国际职业教育学校

适用年级：小学高年级

总课时：21

课程类型：体验课程

【课程简介】

你对小吃感兴趣吗？你知道中式茶歇与乾隆皇帝的密切关联吗？你想亲手参与食品的制作吗？“你不知道的小吃文化”将带领你走进小吃的世界，了解小吃背后的文化内容；亲自动手完成七种中式面点的制作，体验中式面点师的日常工作。

【背景分析】

中国饮食文化博大精深，小吃是其中一个独特的部分。小吃就地取材，极具地域特点，是一个地区不可或缺的重要文化特色。基于校本教材《北京小吃》，结合民俗特色，以小吃为载体，讲述其文化背景、演变过程等，从而引导学生对中国饮食文化有初步认知。小学高年级学生有了一定的生活积累，课程的学习能够激发他们对中国饮食文化的兴趣。此外，参与相关小吃品种的制作，能够帮助他们体验中式面点师的职业特点，从而对这个职业有所认知。

【指导思想】

《完善中华优秀传统文化教育指导纲要》（下文简称《纲要》）指出，加强中华优秀传统文化教育，是构建中华优秀传统文化传承体系，推动文化传承创新的重要途径。青少年学生是祖国的未来，民族的希望，加强对青少年学生的中华优秀传统文化教育，对于培养中华优秀传统文化的继承者和弘扬者，推动文化传承创新，建设社会主义先进文化具有基础作用。此外，《纲要》还提出要坚持课堂教育与实践教育相结合，既要充分发挥课堂教学的主渠道作用，又要注重发挥课外活动和社会实践的重要作用。《关于实施中华优秀传统文化传承发展工程的意见》指出，时代发展“迫切需要深入挖掘中华优秀传统文化价值内涵，进一步激发中华优秀传统文化的生机与活力”。本课程以小吃文化为载体，在全面贯彻中央及教育部相关政策文件精神的基础上，尝试将传统文化讲授与职业技能感受相结合，力争帮助学生在学习传统饮食文化的同时感受相关的职业特色。

【课程目标】

知识与技能目标：了解小吃背后的文化内涵，明确七个品种小吃的制作流程。

过程与方法目标：初步具备独立制作七种小吃的能力。

情感、态度与价值观：增加对小吃文化的认知，感悟中式面点的独特内涵；养成良好的餐饮卫生习惯。

【课程内容】

表 3–6　你不知道的小吃文化课程内容

单元	名称	授课课时	单元内容
第一单元	点心的由来	3 课时	了解点心名字的由来，以及京式点心的特点；学习并完成南瓜饼和艾窝窝的制作
第二单元	八珍糕的故事：枣泥拉糕	3 课时	了解下午茶和中式茶歇的由来；学习完成枣泥拉糕或马拉糕的制作
第三单元	八月中秋：冰皮月饼	3 课时	了解中秋节习俗和各地月饼的制作特点；学习完成冰皮月饼的制作
第四单元	历史悠久的饺子：煎饺	3 课时	了解饺子的由来及各地饺子的不同制法；学习并完成煎饺制作
第五单元	发面的小秘密：花卷、豆包	3 课时	了解两种以上发面原理及操作过程；学习完成花卷和豆包的制作
第六单元	过年里的讲究：花样馒头	3 课时	了解北方腊月及正月里与饮食相关的风俗习惯；学习完成花样馒头的制作
第七单元	千古帝王的心头好：桃酥	3 课时	了解清代宫廷点心的相关知识；学习完成小桃酥的制作

【课程实施】

1. 课程实施准备

本课程根据小学高年级学生的特点，带领其学习相关小吃文化背景、演变历史以及食材特点，帮助他们至少学会七个小吃品种的制作。

学习用具配备了面板、擀面杖、盆、烤箱、锅、灶等。

学习场地设在烹饪面点操作间，操作台布置合理，为学生营造了便利的学习环境。

多媒体设施给学生播放 PPT 或实物投影。

教师制作实物样品，让学生对学习成果有直观感受，同时供学生在制作中观摩。

制定安全预案。

2. 课程实施策略

通过学习了解小吃背后的文化内涵，对中国的饮食文化有初步认知；能够基本掌握几种面团的制作方法，并能依据相应操作流程完成作品的制作。以学生日常能够接触到的小吃为载体，教师结合学生日常生活对相关品种的认识，扩展延伸其文化内涵，引导学生认识饮食文化。采用任务驱动教学法，带领学生完成相关品种的制作，先给学生集中讲解、示范操作方法和基本操作流程，让学生观摩，然后学生再动手实践操作，教师巡回指导，针对学生中出现的问题，给予个别指导，在老师的指导下每个学生都能制作完成自己的作品，在轻松愉快的学习氛围中，学生通过动手实践锻炼了动手操作能力，体验了小吃的文化魅力，感受到了劳动成果给自己带来的快乐。

3. 课程单元规划

第一单元：了解点心的由来以及京式点心的特点，学习南瓜饼及艾窝窝的制作。学习糯米面团的制作，完成艾窝窝的制作。重点是艾窝窝的制作流程，难点是艾窝窝的包制手法。通过教师示范与指导、学生观摩与实践的教学方式，体验艾窝窝的包制过程。

课后，学生根据艾窝窝的制作方法，更换馅心独立完成艾窝窝的制作全过程。

第二单元：了解下午茶和中式茶歇的由来；学习完成枣泥拉糕或马拉糕的制作。任务是在教师的指导下完成枣泥拉糕的制作。重点是拉糕类食品的制作流程，难点是对糯米粉加水量的把握。

课后，学生可以根据课上学习的枣泥拉糕的制作方法，为家人制作其他品种的拉糕。

第三单元：了解中秋节的习俗和各地月饼的制作特点；学习完成冰皮月饼的制作。任务是在教师的指导下学习冰皮月饼的制作。澄面面团成型难度较大，学生很难操作，因此，澄面面团的制作以观摩为主。重点是冰皮月饼的制作流程，难点是澄面面团的包制手法。

课后，学生可以根据课上介绍的中秋节习俗，自己准备中秋节月饼。

第四单元：了解饺子的由来及各地饺子的不同制法；学习并完成煎饺制作。任务是在教师的指导下完成煎饺的制作。重点是饺子的包制方法，难点是煎饺的制作中火候和时间的把握。

课后，学生为家人制作一份爱心煎饺。

第五单元：了解两种以上发面原理及操作过程；学习完成花卷和豆包的制作。任务是在教师的指导下完成面团发制并完成豆包和花卷的制作。重点是豆包和花卷的制作方法，难点是酵母发面的使用方法。

课后，学生可以独立尝试发制面团。

第六单元：了解北方腊月及正月里与饮食相关的风俗习惯；学习完成花样馒头的制作。任务是在教师的指导下完成两种花样馒头的制作。重点是花样馒头的制作方法，难点是发面面团的成型。

课后，学生可以继续发挥想象制作各式各样的花样馒头。

第七单元：了解清代宫廷点心的相关知识；学习完成小桃酥的制作。油酥面团操作较难，故而安排在最后一个单元完成。任务是在教师的指导下完成小桃酥的制作。重点是混酥面团的制作方法，难点是面团制作手法。

课后，学生可以利用所学知识制作其他种类的混酥面团。

4. 实施阶段评价

每个教学单元的实施过程都会给出实施内容和任务的标准要求，结束时，教师要引导学生对所完成的作品根据标准要求进行总结和评价。学生根据评价标准进行自评、互评，师生共同完成作品评价，分出优秀、良好、合格三个等级。评价环节可以使学生对自己有客观了解，使其重新认识自己，发现自己的潜能与特长，找出自身不足之处，明确努力的方向和目标。

【课程评价】

教师评价（50%）：采取过程性评价和实物作品展示相结合的评价方式。过程性评价包括出勤占 5%；学生参与度、课堂表现、学习情感态度占 10%；实物作品完成度占 35%。

学生自我评价（50%）：自己学习参与表现的自我评价、学习过程的感受与获得占 20%；完成作品的客观评价占 10%；学习目标达成情况占 20%。

【课程资源建设】

完成校本教材《北京小吃》的编写和印制。

【实施条件】

专业教室、多媒体播放设备。

【相关获奖情况】

东城区 2017 年中小学职业体验课程展示交流活动观摩课。

东城区 2017 教育工作会职成分论坛暨中小学职业体验课程展示交流活动展示课。

（八）青少年儿童影视教育培训实践课程纲要

课程名称：青少年儿童影视教育培训实践

设计者：陈聪、雒子龙、刘婧玥

推荐单位：东城区明城青少年活动中心

适用年级：一至九年级

总课时：48

课程类型：实践活动

【课程简介】

项目包含公益儿童电影放映与影评、校内外教师影视教育专题培训、青少年儿童影视教育课程开发、影视与表演主题活动及研学、青少年儿童影视教育基地校建设、儿童微电影系列比赛等。以师资团队建设及课程开发为抓手，发挥校外教育机构特点辐射周边学校，逐步打造东城区青少年儿童影视教育区域特色。

【背景分析】

影视教育培训是美育教育的重要组成部分，国家倡导，政府支持，学校需要，儿童喜欢。在此背景下，东城区明城青少年活动中心与中国儿童少年电影学会深度合作，充分利用自身优势，积极组织相关人员开发影视教育培训课程，调动相关师资力量，撰写培训教材（电影赏析、微电影培训、影视表演、影视配音等），把公益儿童电影放映和少年儿童影视教育培训结合起来，通过积极组织少年儿童观影活动带动影视培训，以影视培训促进观影人次的增加，提高少年儿童的艺术欣赏能力，提高艺术综合素质。

【指导思想】

2015 年 9 月 15 日，国务院办公厅印发《关于全面加强和改进学校美育工作的意见》(下文简称《意见》)。《意见》提出要“构建科学的美育课程体系、大力改进美育教育教学、统筹整合学校与社会美育资源、保障学校美育健康发展”。2015 年 9 月，国务院常务会议通过《中华人民共和国电影产业促进法（草案)》，电影教育将纳入义务教育的教学计划。2010 年 7 月，根据教育改革发展的实际情况制定的《国家中长期教育改革和发展规划纲要（2010—2020 年)》提出“加强美育，提高学生审美和人文素养”的要求，以增强学生的文化自觉和文化自信。

【课程目标】

提高少年儿童的艺术欣赏能力，提高艺术综合素质。

提高学生的审美和人文素养，增强学生的文化自觉和文化自信。

为学校搭建儿童影视教育平台，提升专业教师的影视教育能力。

【课程内容】

影视欣赏：公益儿童电影观影及影评；优秀儿童电影导演、演员见面会；优秀儿童电影送片下校放映及影评活动。

儿童表演培训：播音主持及影视配音培训；舞台与影视表演培训；“星陈影剧团”舞台剧及儿童微电影制作实践。

教师培训：儿童微电影摄制培训；剧作培训；拍摄培训；剪辑培训。

组织开展儿童微电影系列比赛活动：组织开展东城区少年儿童微电影评展；协办开展少年儿童影视配音大赛。

【课程实施】

播音主持及影视配音培训：儿童舞台与影视表演培训；“星陈影剧团”舞台剧及儿童微电影制作实践活动。

舞台剧创作与微电影脚本创作。

组织开展优秀儿童电影点映式及导演、演员与学生见面交流会。

筹备组织东城区儿童微电影评展及教师培训。

【课程评价】

影视教育培训是美育教育的重要组成部分，本课程的开展有效提升了少年儿童的审美情趣、人文情怀、信息意识、问题解决以及技术运用等核心素养，增强了学生的文化自觉和文化自信。通过影视教育培训实践基地的建设，为学校搭建儿童影视教育平台，提升专业教师的影视教育能力，促进了校内外融合育人的发展。

【课程资源建设】

发挥校外机构辐射周边的特性，有效引入社会资源服务学校。

以公益影片送片下校观影影评活动，扩大影视教育进校园的覆盖面。

以课外兴趣小组、学生星光艺术团为载体，培养儿童影视与舞台表演能力。

组织开展儿童微电影系列比赛活动，并组织有针对性的教师培训，提升教师的专业能力。

与中国儿童少年电影学会、中国电影博物馆、中央戏剧学院、北京电影学院建立紧密联系与合作，开发与组织各类实践活动。

【实施条件】

明城青少年活动中心主任牵头，行政干部主管，三位在职教师及两位外聘教师共同负责课程的管理与实施。常态化培训课程开展与定期实践活动相结合，以培训作为实践基础，以实践作为培训平台。

具有符合需求的硬件设备、专业的活动教室、排练厅以及舞台，能够满足各类活动的有效开展。

与中国儿童少年电影学会、中国电影博物馆、中央戏剧学院、北京电影学院建立紧密联系与合作，开发与组织各类实践活动。

【相关获奖情况】

儿童微电影《如此观众》获第十一届北京阳光少年系列比赛活动微电影比赛一等奖。

儿童微电影《含苞绽放》获第十二届北京阳光少年系列比赛活动微电影比赛三等奖。

《“剧场文明小大使”系列活动之微电影〈如此观众〉拍摄活动》获第六届北京校外教育理论与实践论文/活动案例征集评选二等奖。

默剧《如此观众》获2017年东城区阳光少年艺术节戏剧展演金奖；2017年北京市阳光少年艺术节儿童歌舞剧金奖、优秀节目创作奖。

（九）丝网花艺课程纲要

课程名称：丝网花艺

设计者：田欣、郑伟丽

推荐单位：北京市第一七九中学

适用年级：四至九年级

总课时：22

课程类型：体验课

【课程简介】

手工艺制作是一项能培养学生动手、动脑能力，启发少年儿童创造性思维的重要活动，是教师引导学生发挥想象力、创造力的教育活动。对于学生来说，这项活动充满趣味性。通过小组活动，学生的动手、观察等各方面能力都会得到很大的提高。丝网花艺作为现代手工艺的一种，具有极强的质感，花形逼真犹如鲜花一般，欣赏及装饰效果颇佳。本课程以废弃的尼龙丝袜面料为原料，经过巧妙的构思与创作，制作出简便易得的丝网花卉。通过学习丝网花卉，既培养了学生的艺术修养，提高了学生的劳动技能，增强了学生的环境保护意识，也进一步拓宽了学生的视野，给学生提供了增长才能的渠道。

【背景分析】

近年来，受北京城市功能定位对产业格局的影响，东城区教委根据东城区域实际情况，引导职业学校向中小学生和市民职业体验的方向发展。在丝网花工艺课程的实践中，授课教师通过不断地摸索，结合中小学生的认知发展特点，深化课程体系。中华文明源远流长，其中，诗歌更是我们民族情感和智慧的凝结，值得我们每个人去传承和发扬。授课教师结合古诗词开发出一系列富有诗情画意的丝网花课程。梅的高洁，兰的典雅，竹的气节，菊的隐逸——因为中国人的智慧，花卉才有了东方人文主义的情怀与气质。我们鼓励中小学生，将一根根普通的铁丝，一条条鲜艳的丝网，通过一双双巧手的创造，变成一朵朵美丽的鲜花，绽放在他们的书桌上，装点在他们的寝室中。在第一七九中学丝网花艺课堂上，有着轻松愉悦的氛围，美丽的丝网花在此绽放，学生发挥想象力，大胆创新，体会手工艺师们的匠心巧思，在动手体验中加深对这一职业的认识。

【指导思想】

本课程以激发学生的创新意识，训练学生的创新思维，培养学生的创新能力为指导，坚持将手工艺课程与创新教育相结合，以“塑造完美，自主创新”为目标，以学生的发展为核心，以“陶冶学生情操，培养创新能力，激发创造潜能”为宗旨，通过学生对丝网花艺的感知、制作与创新，激发他们美的情感、美的想象，从而使其养成一种美的情操、美的道德、美的品质。进一步培养学生节约环保的主人翁意识，积极乐观的生活态度，健康向上的审美情趣，使他们在活动中能够主动参与、自主创新、勤于动手，重视彼此交流，让花儿在课堂绽放，让创新使智慧闪光。

【课程目标】

知识目标：了解丝网花艺的基本常识，学会运用工具制作丝网花和插瓶、盆景、摆件等。

能力目标：掌握不同种类丝网花之间的搭配原则与插花技巧，掌握丝网工艺的色彩搭配与结构布局，能够运用所学技能，独立创意完成丝网花造型与插花组合。

过程与方法目标：通过对绕圈、网丝、捆扎、绞拧、组装、插花等各项技能的学习与操练，体会手工艺师们的匠心巧思，在体验中加深对这一职业的认识。

情感、态度与价值观目标：通过学习丝网花制作技艺，提升审美情趣与创新能力，培养耐心细致的学习精神和工作精神。

【课程内容】

课程的主体立足中华传统文化，特别是与中国古典诗词相结合，发掘丝网花艺术的文化内涵。授课教师根据本校特色将“丝网花”作为美育及创新教育的突破口，在深入开展丝网花体验课程的过程中，创设该课程自己的特色。由简单到丰富，由单一到多彩。

表 3–7　丝网花艺课程的内容

单元	名称	授课课时	单元内容
第一单元	走进“丝网花艺”	2 课时	了解丝网花艺的起源和它的装饰作用，认识制作丝网花的工具和材料，学习这些工具和材料的基本应用
第二单元	红掌俏姿	2 课时	运用单圈绕拧与单瓣套网、捆扎等方法制作红掌

续表

单元	名称	授课课时	单元内容
第三单元	玉盏银杯似马蹄	2 课时	运用单圈绕拧、单瓣套网及内向弯折等方法制作马蹄莲
第四单元	我知鱼之乐	2 课时	运用单圈绕拧、单瓣套网、交汇绞拧及模块组装等方法制作小金鱼
第五单元	空谷幽兰	2 课时	运用单圈绕拧、单瓣套网、半片互压及捆扎等方法制作兰花
第六单元	留连戏蝶时时舞	2 课时	运用单圈绕拧、单瓣套网、对绑法及8字拧等方法制作蝴蝶
第七单元	出水芙蕖	2 课时	运用单圈绕拧、单瓣套网、掐尖、倒扎、捆绑等方法制作荷花
第八单元	傲雪寒梅	2 课时	运用单圈绕拧、单瓣套网、半片互压及捆扎等方法制作梅花
第九单元	鱼戏莲叶间	2 课时	在学习金鱼和荷花制作技法的基础上，将作品组合插制成盆景
第十单元	蝶恋花	2 课时	在学习上述基础花卉和蝴蝶制作技法的基础上，将作品组合插制成盆景
第十一单元	梅的遐想	2 课时	在学习梅花制作技法的基础上，将单朵梅花捆扎、缠枝、弯折形态，制作成插瓶

【课程实施】

1. 课程实施准备

（1）学生情况分析

四至九年级学生的认知水平一般但动手能力较强，大部分学生可能见过丝网花但对其不是很熟悉，对丝网花的制作和技巧更是无从谈起。大部分学生对做丝网花非常感兴趣，也有少数学生担心自己做得不好看，不敢动手等；对丝网花的制作技巧认识得不够全面和深刻。对丝网花的做法掌握不熟练，实际动手操作能力还有待进一步提高。所以，教学中我们从丝网花的装饰作用和发展开始，从丝网花的制作方法和技巧入手，循序渐进，使学生易于接受。这样充分调动了学生学做丝网花的兴趣，使其乐于实践，达到了快乐学做丝网花的目的。对于如何更好地组织综合实践课，如何根据学生的特点对方案进行合理分工，还有一定难度。

（2）配备资源材料

本课教学资源建议：多媒体课件、铁丝、丝袜、弹力线、绿色胶布等。

本课环境准备建议：多媒体活动教室。

2. 课程实施策略

（1）了解丝网花的缘起和它所起到的装饰作用；学会制作百合花，掌握做百合花的基本技能。

（2）通过观察分析实物、小组讨论与合作、自主探究的学习方式，培养学生的创新精神和团结协作的意识，提高学生的动手能力。

（3）通过分析比较，体验丝网花给我们的生活带来的美的享受，培养学生热爱美、享受美、创造美的感情。

3. 实施阶段评价

引导学生从学做丝网花的参与态度、小组合作、制定研究和实施方案、丝网花的做法和技巧等方面评价个人及小组的表现，强调学生对教学过程的主动参与，注重对学习过程的评价，关注学生个体差异，注重评价的激励性、多元性、开放性，在自我评价的基础上，尽可能采取小组讨论交流的形式，鼓励同伴之间充分发表意见和建议，评价后给予奖励。

【课程评价】

1. 教师评价

（1）态度：认真听讲，仔细观看教师示范；遇到困难时勇于挑战，不气馁；制作过程有条理，工具及时归位，码放整齐。

（2）过程：在制作过程中，耐心、细心，善于自我发挥和创造，而不是一味地模仿。

（3）作品：对作品的造型、色彩的搭配，有自己的创意和属于自己的风格。

2. 自我评价

（1）作品评价：从作品的造型、色彩的搭配、自己独到的创意三个方面进行评价。

（2）情感态度价值观：从自己对手工艺师职业认识的前后对比、参与程度、手工艺制作的收获三个方面进行主观评价。

【课程资源建设】

丝网花教学视频、图片、示范作品及学生优秀作品。

北京市第一七九中学丝网花艺制作工艺室。

田欣、郑伟丽两位老师师从白燕女士。白燕是我国著名的山水画家，中央美术学院教授，白家山水创始人白雪石大师的长孙女。

【相关获奖情况】

2018 年 5 月获得职业体验课“精品课程”奖。

2018 年 9 月获得优秀市民学习指导教师奖。

（十）海洋意识教育课程纲要

课程名称：海洋意识教育

设计者：倪彦鹏、郭梅、魏妍

推荐单位：北京市汇文第一小学

适用年级：三年级至六年级

总课时：24

课程类型：校本课

【课程简介】

本课程是面向小学生的海洋科普课程，是把学生的海洋国土意识、了解海洋与开发利用海洋的科普教育、保护海洋造福人类的环保教育等有机融合的一门综合育人课程。内容涉及海洋基本知识、海洋科技、海洋文化、海洋资源、海洋军事、海洋环保等，且内容与学校文化特色相结合，图文并茂，每一册内容都有符合学生认知水平的儿歌，使学生在阅读的同时，乐于接受后续内容的学习，从而激发学生热爱海洋、保护海洋的意识，树立“智勇报国”、建设海洋强国的志向。

【背景分析】

步入21世纪，“开发海洋、利用海洋、保护海洋”成为响遍全球的号角和声势浩大的行动，中国——一个有着悠久海洋开发和利用历史的濒海大国，正在致力于走进世界海洋强国之列。党的十八大作出了“建设海洋强国”的重大部署，党的十九大再次强调“加快建设海洋强国”。两次大会把认知海洋、利用海洋、生态海洋、管控海洋、和谐海洋等提升至国家发展战略的高度，表明了在新时代，国家高度重视海洋建设。

国家教育咨询委员会委员、中国陶行知研究会名誉会长王湛表示，“要将加强青少年海洋意识与深化教育的综合改革相结合，包括与课程改革相结合，推进立德树人；与人才培养体制和人才培养模式相结合，优化教育结构；与推进教育制度现代化相结合，构建和谐文化”。海之魅力，在于有容；蓝色经济、蓝色情怀、蓝色的梦！培养全体国民的海洋意识理应成为一种民族意识，一种把对海洋的认知、保护和开发利用同整个国家甚至整个地球、整个人类的发展统一考虑、全盘规划的意识，是一种把人类的过去、现在和未来同蔚蓝色的海洋密切联系在一起的意识。所以，对小学生进行海洋意识教育势在必行。

汇文一小30多年来一直关注南北极科考，与海洋局和科考队员一直有着积极的互动，学校的校旗插上了南北两极；学校老师还分别于2007年和2009年参与过北极和南极科考；2007年至2011年，学校先后编写出版了《神奇的南极》《极地生灵》《从南极到北极》三本书；2013年2月，学校在国家海洋局“走向大洋20年”活动中完成了开学典礼，之后“蛟龙号”总指挥刘峰及多位潜航员先后多次来到学校为学生进行海洋意识教育；2014年，学校老师又带着全校师生的梦想和祝福，参与了“蛟龙号”下潜……学校提出了“孝悌育德　智勇报国”的校训，就是希望通过开展海洋意识教育，让学生们拥有智勇报国的志向和信念，因此，我们多次带领师生走进沿海城市，参观海洋大学、造船厂、海洋博物馆，寻找“海上丝绸之路”起点，登上“昆明号”导弹驱逐舰，开展毕业海洋研学……这一系列主题活动构成汇文一小海洋意识教育的活动链、教育链。海洋意识教育，已经深深扎根于汇文师生内心。2016年初，汇文一小被国家海洋局宣教中心命名为“全国海洋意识教育基地”，学校也申请了海洋意识教育的相关课题，学生每年都积极踊跃地参加北京市教委和北京市学生海洋意识教育办公室举办的海洋夏（冬）令营，且几乎每个班级学生都有涉及，特别是每年10—12月份，学校都要举办“海洋知识竞赛”，极大地调动了学生参与海洋意识教育的积极性和热情。

在我们对学生及家长的需求调研中发现，学生们普遍对“海”感兴趣，但如何才能让远离沿海的内陆地区学生了解更多的海洋知识？如何让每个孩子都对“海”感兴趣，都能够亲海、近海、爱海呢？开发海洋校本课程，编写相关教材，是学校教育的责任。

通过查阅大量海洋意识教育相关文献，结合我校的文化和特色，我们将我校教师参与“蛟龙号”下潜、校长参与极地活动、学生参加海洋夏（冬）令营以及学生的生活、学校育人目的、校训等内容结合起来，并邀请国家海洋局、中海油等相关部门领导对教材内容进行指导、点拨，请海洋教育、极地教育方面的专家、学者到校进行科普，提升学生的兴趣，为学生带来大量珍贵的资源或标本，分享专家、学者的海上工作经历或教师参与海洋培训的学习内容，使得学生认识到“海洋意识教育”跟每一个人息息相关，从而了解海洋对于人类的作用，并形成保护海洋、合理利用海洋的观念。

【指导思想】

我国既是一个陆地大国，也是一个海洋大国，不仅拥有960多万平方千米的陆地国土，根据《联合国海洋法公约》，我国还有着约300万平方千米的海洋国土，然而，我们却算不上一个海洋强国。2014年4月，全国海洋观教育基地主任、中国海洋大学教授干焱平介绍，团中央曾对上海大学生进行的问卷调查显示，98%的大学生不了解我国除了960多万平方千米的陆地国土外，还有约300万平方千米的海洋国土。许多大学生更不知道领海、大陆架、专属经济区等海洋国土的基本概念。“翻阅我国中小学地理历史教科书，对于我国海洋历史地理的讲述少之又少，其中对中国版图的描绘只是以陆地疆域为主。”他表示，联合国将21世纪定义为海洋世纪，作为海洋大国，能否深刻认识并开发、利用好海洋，对中华民族具有举足轻重的战略意义。“青少年是海洋世纪的主人，对他们海洋意识的培养和教育刻不容缓。”

21世纪是海洋世纪，海洋意识教育须先行。随着地球人口的日益增加，生态环境恶化与水土大量流失，地球上的陆地已不堪重负，而海洋所拥有的丰富资源和广阔空间，也越来越受到人们的重视与关注，海洋已经成为世界各国高科技竞争的新热点。对于小学生而言，他们是整个国家的未来和希望，对他们进行海洋意识的教育意义重大而深远。由于历史、文化及地理环境的影响，清代以来，我国国民的海洋意识逐渐薄弱，现代海洋知识普遍匮乏。因此，有必要采取教育措施强化海洋意识，为海洋强国和21世纪海上丝绸之路建设提供强有力的社会舆论共识和精神动力。

开展面向全体国民的海洋意识教育，加强中小学海洋意识教育是基础。“所谓固国家不以山溪之险，威天下不以兵革之利，其道何在？精神为也。”这句话道出了教育及爱国主义精神和意识对一个国家国防建设的重要性。而一切教育都应该从娃娃抓起。在小学阶段有目的、分阶段地培养孩子的海洋意识，传播海洋科学常识，弘扬海洋文化，将有利于中华民族海洋意识的整体提升，意义重大。海洋意识教育从小学起广泛施教，将为普及海洋文化、建设海洋强国打下良好的基础。

【课程目标】

知识与能力目标：形成学习海洋知识教育的传统，对海洋基本知识耳熟能详；增强学生的海疆、海防意识以及资源开发与保护意识，使学生拥有走向世界的眼光。

情感、态度与价值观目标：通过多种途径的学习，或渗透海洋意识教育，学生能认识海洋、了解海洋，拥有建设海洋强国的思想意识，更加热爱海洋，树立正确的海洋观。通过教学让学生了解学校参与海洋教育的历史，使其更加热爱学校、热爱祖国，激发学生努力学习、报效祖国的情感。

【课程内容】

根据学校文化特色以及学校的历史、育人目标及校训，我们在低年级主要侧重进行亲海教育，内容主要围绕认识海洋“居民”以及和大海交朋友；中年级侧重近海教育，感受变化莫测的海洋性格，品味海洋文化；高年级侧重爱海教育，内容主要围绕海洋环境、海洋资源等进行。以《海韵丁香》（重点对五至六年级学生进行教育）中的内容为例，主要编写了如下海洋意识教育内容。

第一册　蓝色高林——海洋知识汇

第一章　认识大洋生命

第二章　海底的真面目

第三章　探秘北极海域

第四章　在南极冰盖下

第五章　海水从哪里来

第六章　海洋会呼吸

第七章　无风不起浪

第八章　可怕的大海啸

第九章　洋陆构造

第十章　海底地形

第十一章　海峡和海湾

第十二章　洋流的功与过

第二册　科学育人——海洋科技馆

第一章　挖掘海底宝藏

第二章　向海洋要石油

第三章　煮海成盐技术

第四章　海水如何淡化

第五章　海洋建筑物

第六章　海上城市设想

第七章　穿越海底隧道

第八章　水底海洋城

第九章　点水“炼金”

第十章　海洋林业牧场

第十一章　蛋白质与海洋

第十二章　海洋制药医库

第三册　厚德载物——海洋文化吧

第一章　秦始皇东巡宣海权

第二章　汉天子威加海内成一统

第三章　郭守敬南海观天象

第四章　郑成功收复台湾

第五章　海的女儿（童话）

第六章　海上仙山（神话）

第七章　致大海（诗歌）

第八章　鲁滨孙漂流记（小说）

第九章　生活习惯

第十章　服饰饮食

第十一章　海洋节庆

第十二章　神灵信仰

第四册　智勇报国——海洋意识流

第一章　南海科考

第二章　西沙群岛海战

第三章　钓鱼岛问题的由来

第四章　春晓海权之争

第五章　上升的海平面

第六章　濒临灭绝的鲸类

第七章　我们不要赤潮

第八章　珍惜渔业资源

第九章　圆梦航空母舰

第十章　亚丁湾护航

第十一章　随“蛟龙号”深潜

第十二章　“一带一路”倡议

课程侧重对海洋知识、海洋科技、海洋文化、海洋资源以及国际视野的了解，且结合学校和学生的实际情况，将学校开展的活动、学生参加的海洋教育活动等内容巧妙地穿插进教学中，贴近学生生活。

【课程实施】

湛蓝的海水、翻滚的浪花、金色的沙滩、悠闲的海鸟、多彩的贝壳、慢吞吞的小海龟、绚丽的极光、可爱的企鹅、憨厚的北极熊等诸多绚丽的海洋风光，吸引了学生们探索求知的心。

通过深入浅出地科普海洋知识，逐渐培养学生热爱海洋的情感，增进学生探索海洋的兴趣，进而培养学生探索海洋领域、解决海洋问题的能力，形成海洋精神与价值观。同时，采用学科融合的方式，通过科学、品社、语文、数学等多门学科内容的参与和介入，有效地推动海洋意识教学达到预期的课程目的，并在问题探究的过程中，全面培养和训练学生的学习能力和综合素养。

注重对学生进行海洋精神、品质等方面的培养，提升学生海洋文化知识素养及基础能力。倡导学生主动参与、乐于探究、勤于动手的能力，培养学生收集和处理信息的能力、获取新知识的能力、分析和解决问题的能力，以及交流与合作的能力。运用互动式情景体验课程和引导式教学方法，同时结合校外专业特色研学体系等资源，打造生动、主动而有趣的课堂。

【课程评价】

通过课堂观察、提问、完成相关小报、实践作业等方式，对学生的学习进行评价；根据教师的实际教学情况，对教学过程中教师、学生、教学内容、教学方法和手段、教学环境、教学管理诸因素进行评价。

课程特别注重学生个性和特长的发展，关注学生的学习过程，强调评价内容和评价方法的多元化。评价内容主要有：课堂参与的程度、活动的积极性、学生作业等。

【课程资源建设】

依托国家海洋局、北京市学生海洋意识教育办公室、中海油公司相关的人文资源，发挥海洋企业优势，打造“海洋意识教育”课程。根据学生的兴趣、年龄，开设选修课和必修课；根据课程内容和教师的专业特点，拓展自身的建设框架。

【实施条件】

前期要对授课教师有相关培训，使其了解课程的目的，并针对不同年级学生的认知特点，采用丰富多彩的授课形式。

使用好《海韵丁香》一书，可以借鉴的资源有国家海洋局编写的《我们的海洋》以及中海油校R联盟与学校共同编写的《海洋意识教育》一书，结合学校文化特色认真授课和实施。

【相关获奖情况】

2016年申请的课题“内陆小学开展海洋意识教育的行动研究”获得东城区教育规划办A类课题、北京市教育学会“十三五”规划课题。

2018年3月撰写的海洋研学课程获东城区首届研学旅行课程设计大赛评选一等奖。

论文《内陆小学开展海洋意识教育的行动研究》获得北京市2017—2018学年度基础教育科学研究优秀论文一等奖。

文章《内陆小学开展海洋意识教育的行动研究》刊登在2018年《中小学信息技术教育》7—8合刊中。

第四章　学院制课程的实践探索——教学设计的编写

一、学院制课程教学设计的编写说明

学院制课程教学设计是依据课程纲要而呈现的教学目标、教学活动以及教学评价。教学设计关注内容、方法与目标的一致，关注综合课程或实践活动的实效，关注基于目标达成的学生表现的提升。

学院制课程关注综合性、实践类教学设计。强调学生面对探究性任务、学习以及生活中的实际问题，通过亲身经历、自主参与，综合运用各学科知识，使学习服务于生活，形成综合技能与方法，发展综合能力；强调基于学生的兴趣和动机以及学生的既有经验，立足人的全面发展，打破学科界限，以实践活动的形式组织教学。

二、学院制课程教学设计举例

（一）垃圾分类我做主教学设计

表 4–1　垃圾分类我做主教学设计

基本信息	
姓名	王雅菊、高勇、孟旭

续表

<table>
<tr><td>学科</td><td>科学与技术</td></tr>
<tr><td>适用年级</td><td>五、六年级</td></tr>
<tr><td colspan="2">教学设计</td></tr>
<tr><td>课题名称</td><td>垃圾分类我做主</td></tr>
<tr><td>课时</td><td>共 3 课时完成</td></tr>
<tr><td colspan="2">1. 教学内容分析
本节课选自崇文青少年科技馆小小机械设计师系列课程中第二单元“结构产品设计”的第三节“垃圾分类我做主”。本单元是在学生学习了一定的简单结构知识和基本工具运用的基础上，基于生活中的问题，设计解决方案，制作创意作品的。本单元共有四节教学内容，分别是小小留言机、手机支架的创意设计、垃圾分类我做主和实用小音箱的设计与制作。
本节课是本单元的第三节课，基于生活垃圾分类的真实问题，创设四种分类垃圾箱的使用情景，以一个真实要解决的问题为载体，通过小组合作任务驱动的形式，根据学生对场所的使用需求，完成分类垃圾箱的设计，感受工程师的设计过程，强化创新设计思维和生态环保意识。本节课在实施过程中起到了承上启下的作用，为课程内容的不断深入展开以及课程难度的逐步提升做好关键性的准备工作。</td></tr>
<tr><td colspan="2">2. 学习者分析
从起点水平来看，五、六年级的学生有一定的逻辑思维能力和动手实践能力，思维比较活跃，积极性较高，在教师的指导下能够完成简单作品的设计与制作。从认知结构来看，学生对垃圾分类有一定的认识，都能说出几种常见垃圾箱的结构案例。从学习态度来看，学生对设计制作类课程尤其是解决生活问题的课程比较感兴趣，喜欢任务驱动和角色扮演的活动形式。从学习风格来看，学生喜欢小组合作，喜欢与人交流和分享。</td></tr>
<tr><td colspan="2">3. 学习目标确定
知识与技能：学习垃圾分类知识，初步理解产品设计的一般原则；能根据对不同场所的使用需求，小组合作探究，画出分类垃圾箱的示意图和做出简单的创意模型。
过程与方法：通过分类垃圾箱的设计，初步学习有计划、有步骤、有目标、有方向地开展设计活动，掌握解决问题的方法；通过为他人设计分类垃圾箱，初步尝试在生活中应用“为他人设计、为他人服务”的理念去思考问题，帮助他人。
情感、态度与价值观：能够关注生活中的垃圾分类问题，强化环保意识；初步形成为他人设计、为他人服务的意识。</td></tr>
</table>

续表

4. 学习重点、难点

学习重点：学生体验产品设计的一般过程。

学习难点：学生形成为他人设计、为他人服务的意识。

5. 学习评价设计

通过活动币奖励的方式鼓励学生积极回答问题、参与活动各个环节。

通过用活动币购买材料的方式，让学生树立成本意识。

通过教师评价、学生投票的方式，进行学习效果检测。

6. 学习活动设计

教师活动	学生活动
活动一：情境导入	
教师活动 1 **师**：同学们，今天老师为大家准备了几张图片，下面我们一起来看一下。（展示图片） 	**学生活动 1** 学生认真观看图片。
师：他们都生活在什么样的环境下？（用活动币奖励积极回答问题的学生）	**预计**：学生会积极发言，能够说出：他们都被垃圾包围着；垃圾是污染环境的重要源头。
师：垃圾每天都在产生，面对这些垃圾，我们应该怎么办呢？（用活动币奖励积极回答问题的学生）	**预计**：学生能够说出：垃圾分类非常重要，既可以减少环境污染，一些垃圾回收再利用还可以节省资源；少使用或不使用一次性用品，减少垃圾的产生；节约资源，杜绝浪费等。

续表

师：刚才同学们说了各种各样的办法，你们说的很对。那对于我们这个年龄段的学生来说，老师认为最有效的办法就是垃圾分类，今天我们就一起探讨一下这个主题。（播放活动主题） **师：**看看这个主题“垃圾分类我做主”，今天你们要当主人了，那你们知道垃圾分类的好处吗？（鼓励学生回答，用活动币奖励积极回答问题的学生） **师：**大家想到了垃圾分类的很多好处，有个视频我们一起来看一下。（播放视频）	学生了解活动主题“垃圾分类我做主”。 **预计：**学生能够说出：垃圾可以变废为宝；垃圾分类可以减少污染，保护环境；等等。 学生认真观看视频，了解垃圾分类的好处。
活动意图说明： 利用图片进行分析，让学生感受到垃圾分类的重要性；利用视频让学生了解到垃圾分类的好处；利用教师与学生对话的方式，以奖励学生活动币的形式，完成教师对学生激励式的评价，激发学生学习的积极性，引导学生发现问题，明确本节课的主题。（用活动币评价）	
活动二：明确小组	
教师活动 2 **师：**老师根据你们平时的表现，将3个人分为一组，下面老师给你们一分钟的时间为团队起个名字，写在桌牌上。 **师：**哪组先来介绍一下你们的队名。 好！第一位举手的同学，你先介绍一下！接下来哪个组介绍呢？（按举手的顺序，依次按 2、1、1、0 的数量奖励活动币）	**学生活动 2** 学生组内讨论，确定团队名称。 学生举手示意，介绍队名。
活动意图说明： 学生经历小组讨论、起组名的过程，强化团队意识，产生合作欲望。教师利用活动币激励学生大胆表达，分享介绍组名的设计想法。（用活动币评价）	
活动三：明确问题	
教师活动 3 **师：**垃圾分类我做主，那么我们怎么才能当好这个主人呢？最近哪，环保设备中心的张博士遇到了苦恼，我们一起来了解一下。（展示动画）	**学生活动 3** 学生观看动画，了解活动任务。

续表

活动意图说明： 利用动画《博士的苦恼》进行改进，以第三方寻求帮助的口吻明确问题：招募设计小能手，需要为家庭、学校、公园、社区四个不同场所设计分类垃圾箱。创设一个具有带入感的问题情境，引导学生以主人翁的角度帮助张博士解决苦恼，用卡通动画这种有趣的形式激发学生探究学习的兴趣。	
活动四：明确任务	
教师活动 4 **师：**了解了张博士的苦恼，接下来我们来帮一帮他吧。现在老师这里有四个信封，每个信封里面藏着张博士的一个苦恼，我们每组依次选择一个。（教师分发任务信封——学案 1） **师：**四组都选择完了，接下来让我们看看你们准备为张博士解决哪个苦恼呢？同学们可以打开你们的任务信封，把你们接受的任务写在桌牌上，并确定一下你们组内成员的角色分工。	**学生活动 4** 学生选择任务。 学生了解所分配的任务内容，并明确分工。
活动意图说明： 小组随机抽取设计任务，任务书明确了活动币可以用来换取本节课制作材料的用途。学案中的任务分工表，可以引导学生进行自评，主动发现自身特点，选取相对恰当的角色任务。教师课后会将学生在这一环节的学案进行收集、整理、分析，作为下一次课例改进的隐性评价支撑材料，研究教学的持续性改进。	
活动五：集体学习	
教师活动 5 **师：**每组都抽取了自己的任务，那么你们知道垃圾是怎么分类的吗？下面我们一起来学习一下。（播放视频） **师：**同学们，我们一起来看看几款分类垃圾箱。大家觉得这个垃圾箱怎么样？谁能说一说？（依次展示不同类型的垃圾箱，用活动币奖励积极回答问题的学生）	**学生活动 5** 学生观看视频，学习垃圾如何分类。 **预计：**学生通过案例启发，能够说出：有的垃圾箱能很好地与环境相匹配，有的很美观，有的很贵，有的使用起来不是很方便，有的加入了现代的高科技等。

续表

<table>
<tr><td colspan="2">活动意图说明：
让学生观看视频，了解垃圾分类的方法，并通过垃圾箱的设计案例分析，自主发现、总结出设计产品需要考虑的一些基本原则，如功能性原则、美观性原则、经济性原则等。
教师在师生互动的过程中对学生发言中的闪光点作出激励式的评价，并发放活动币给予肯定，激发学生的积极思考与交流。（用活动币评价）</td></tr>
<tr><td colspan="2">活动六：自主设计</td></tr>
<tr><td>教师活动 6
师：同学们，结合你们对案例的分析，想一想你们所要设计的分类垃圾箱应该考虑哪些因素呢？

师：现在老师为每个人提供一份学案资料，自己阅读，然后每个人在任务单上用铅笔画出一个设计简图，时间是 10 分钟。（发放学案 2 和学案 3）</td><td>学生活动 6
学生结合分类垃圾箱的使用地点，思考设计过程中应该考虑哪些因素。
学生带着问题思考、阅读，搜集有用资料。
（1）收集垃圾分类的相关知识，如垃圾及垃圾箱的分类、标识和颜色。
（2）收集与产品设计相关的结构及其他信息。
（3）消化吸收所获取的信息，进行设计分析，画出简单设计图纸。</td></tr>
<tr><td colspan="2">活动意图说明：
用学案中的问题，引导学生进行自主学习，并要求每位同学自主设计一个分类垃圾箱的示意图。教师走到学生中间，以学生的角色参与其中，适度给予学生建议性评价。课后，教师回收学案，作为课堂上学生的过程性记录，并对学案进行再分析，用以支持课例的持续性改进，作为学生对教学改进的一种隐性评价。</td></tr>
<tr><td colspan="2">活动七：小组讨论再设计</td></tr>
<tr><td>教师活动 7
师：现在同学们都完成了各自的设计图纸，请组内分享讨论你们的设计方案。根据讨论的结果，确定改进方案，每组再设计，用示意图、文字说明和颜色相结合的方式画一个优化的设计方案，时间为 15 分钟。（发放学案 4）</td><td>学生活动 7
小组讨论，确定改进方案，并完成设计图纸。</td></tr>
</table>

续表

活动意图说明：

组内成员通过分享讨论设计图的过程，完成小组内的互评，确定本组最优化的设计方案，并以合作学习的方式完成优化方案的再设计。（组内评价）

活动八：设计分享

教师活动 8

师：各组都完成了优化的设计图，请每组派一名代表上台进行展示分享。（教师根据评价量表进行评价，根据评价发放活动币）

附件 1　教师评价

要素 / 组名	功能	美观	创新	经济	道德	其他方面	活动币

学生活动 8

分享展示各组的设计方案。

活动意图说明：

学生以小组为单位分享呈现设计方案，对作品进行自我评价。

教师记录各设计方案的特点，利用教师评价量表对各小组的设计方案进行客观评价，并以发放活动币的方式给予肯定。

活动九：模型制作

教师活动 9

师：咱们每组都有了自己中意的图纸了，那么下面我们该动手把自己的梦想变为现实啦。请同学们不要着急，先认真听一下老师的要求：

（1）根据设计图纸制作一个分类垃圾箱的外观模型；

（2）用活动币在活动超市里购买材料，并记录在明细表里，统计成本；

（3）材料可以随用随买，但买过的材料不能退，且每组只能派一名同学去购买；

（4）动手制作的时间是 30 分钟；

（5）老师强调一下最重要的一点：安全第一！（发放学案 5）

学生活动 9

学生了解制作要求。

续表

师： 现在请每组派一名同学选购材料，我们开始动手制作了。

师： 15 分钟过去了，请大家停一下，这组同学最先停下来，奖励 2 个活动币，第二、第三个停下来的组奖励 1 个活动币，老师解答一下你们出现的共性问题。

师： 还有 15 分钟，请大家合理规划时间。

学生按要求选购材料，动手制作。

继续动手制作，完成作品。

活动意图说明：

明确制作要求；动手实践；教师发挥指导作用；引导学生合理分配时间。学生在合作学习中进行意见的交流，促进作品向更好的方向发展，比如在课堂限定的材料中选择材料制作，谁的建议更合理等，体现了学生对学生的评价。

活动十：作品展示

教师活动 10

师： 制作时间到了，请大家把各组作品、图纸和任务单一并摆放在前面，进行分享展示。老师给每组 2 分钟的时间来介绍一下你们的作品。

师： 同学们，听了他们的作品介绍，接下来我们以投票的方式来评判一下他们的作品是否和设计图纸一致吧。在此之前呢，我们先请一位同学用一句话来为自己组的作品拉一下票。

（各组依次展示并投票）

师： 接下来我们一起看一下各组的结果，一组同学获得活动币 * 个，使用活动币 * 个，获得票数 *；我们再看下二组、三组、四组。刚才每个组都展示了你们的模型作品，并且和你们的设计图做了对比，老师觉得你们每个小组完成的都非常好，你们不仅表达了自己的设计理念，还制作了模型作品，很好地诠释了你们的设计方案。

学生活动 10

学生停止制作，将作品、图纸和任务单摆放在指定位置，展示与分享作品的设计思路。

学生根据评价量表中的评价要素进行投票。

附件 2　学生评价

要素 组名	用时	预计完成（几个箱体）	实际完成（几个箱体）	获得活动币	使用活动币	票数

认真听老师的总结分析。

活动意图说明：

展示分享并锻炼学生交流表达的能力；引导学生发现自身和他人作品的闪光点，并以投票的方式完成学生的组间评价。教师通过整体小结式的评价，对每组学生的作品给予不同角度的认可，帮助学生增强学习自信。

续表

<table>
<tr><td colspan="2">活动十一：归纳小结</td></tr>
<tr><td>教师活动 11
师：那么老师现在想问问你们，你们跟着老师一块儿回忆一下，最开始咱们接到了一个设计任务，之后我们通过抽签的方式，大家分到了不同的设计任务，接下来我们干什么了？再接下来呢？
师：我告诉大家一个秘密，你们刚才总结出来的这个就叫设计的一般过程。（展示设计的一般过程）老师希望你们不论是设计分类垃圾箱还是未来设计其他产品都可以遵循这条主线进行思考，然后做出它的模型。</td><td>学生活动 11
引导学生总结归纳设计的一般过程。

学生观看课件中设计过程的几个步骤，加深对设计过程的理解。</td></tr>
<tr><td colspan="2">活动意图说明：
引导学生自主回忆设计的一般过程的基本环节，并用活动币的方式再次引导学生积极参与课堂活动的意识。</td></tr>
<tr><td colspan="2">活动十二：育人提升</td></tr>
<tr><td>教师活动 12
师：我们每组都帮助张博士解决了一个苦恼，张博士很感激你们，发来了感谢信，我们来看一下。（展示动画）
师：那么老师还发现了一个问题，你们组是给谁设计的分类垃圾箱？你们呢？为公园设计，为学校设计，为家庭设计，为社区设计，这些所有的“为”都是为他人进行设计，你们今天不仅帮助张博士解决了苦恼，还为他人设计了分类垃圾箱。
师：那么你们想一想，我们除了为别人设计垃圾箱，在生活当中还能为别人设计什么呢？
师：听了同学们的分享，老师觉得你们都很棒，每个人都有一颗为别人设计、服务的心，老师为你们点赞！也希望你们怀揣着这颗为别人服务的心，能够帮助越来越多的人。从身边做起，从小事做起，那么现在就请同学们帮助老师把桌面整理干净吧。</td><td>学生活动 12
学生通过张博士的感谢，感受帮助他人的快乐。

学生能够明确“为他人服务”是一件自豪的事情。

预计：学生会分享很多自己想为他人设计的案例。
学生从身边做起，帮助老师整理桌面。</td></tr>
<tr><td colspan="2">活动意图说明：
通过动画《博士的感谢》，学生感受到帮助他人的快乐；挖掘活动的德育价值——人文情怀；引导学生形成为他人设计、为他人服务的意识；鼓励学生将“为他人设计”的思想应用到生活中。</td></tr>
</table>

续表

7. 板书设计

活动时以课件 PPT 为主。

板书以产品设计的一般过程为主线：

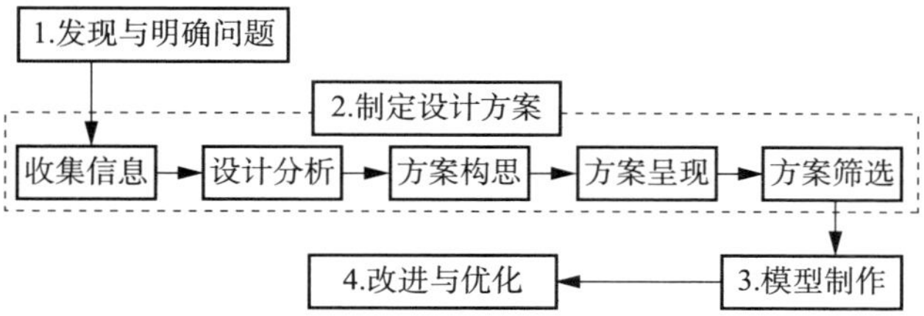

8. 作业与拓展学习设计

（1）改进完善作品；（2）为分类垃圾箱撰写一份产品说明书。

9. 特色学习资源分析、技术手段应用说明

（1）用动画视频、学案资料引导学生自主学习，激发学生的学习兴趣。

（2）用绘制示意图和制作创意作品的方式，让学生展示分享自己的设计理念。

（3）用活动币奖励的方式，让学生积极参与到每个环节中去。

整个教学过程细分为 12 个授课环节。其中 11 个环节中都渗透了多元化、多样态的评价方式。

10. 教学反思与改进

（1）本次活动主题为垃圾分类我做主，因贴近生活，易于学生理解和接受，能够调动学生的积极性，与我们的生活关联密切。

（2）整个活动过程通过评价的方式促进学生自主合作探究式学习。

（3）活动中创设四种分类垃圾箱的使用情景，以模拟公益广告的形式导入活动任务，开展设计活动，能有效地激发学生的学习兴趣，强化团队协作意识。

（4）使用活动币奖励的方式激励学生积极参与活动的各个环节，以活动超市的方式帮助学生树立成本意识。

（5）整个活动过程分为案例分析，收集资料自主学习、方案设计到动手制作，展示分享等环节，都以学生为主体，教师扮演的是技术支持与指导的角色。

（6）通过活动过程，帮助学生学习了垃圾分类的相关知识，认识了垃圾分类和环境保护的重要性，提升了学生们的环保意识，并更深层次地挖掘了活动的育人元素，有助于学生形成为他人设计、为他人服务的意识。

（7）后续会在此基础上继续开展与生态文明教育主题相关的系列活动，比如垃圾再利用等。

（二）牌楼中的几何图形教学设计

表 4-2　牌楼中的几何图形教学设计

<table>
<tr><td colspan="2">基本信息</td></tr>
<tr><td>姓名</td><td>王飞燕</td></tr>
<tr><td>学科</td><td>综合实践</td></tr>
<tr><td>适用年级</td><td>五年级</td></tr>
<tr><td colspan="2">教学设计</td></tr>
<tr><td>课题名称</td><td>牌楼中的几何图形</td></tr>
<tr><td>课时</td><td>共 1 课时完成</td></tr>
<tr><td colspan="2">1. 教学内容分析
牌楼是中国古代建筑代表之一，体现了古代人类的智慧。经笔者调查，关于牌楼的知识在小学阶段均是从文化层面上介绍牌楼的历史、构造、建筑风格等，缺少对这些文化知识背后所蕴含的科学知识的认知与应用。中国学生发展核心素养明确指出，要引导小学生弘扬民族精神，传承民族文化，发扬传统美德，增强民族文化自信和价值观自信。本次活动使得科学与艺术、科学与传统文化相结合，用科学的方法和手段弘扬和普及民族文化。
本节课选自创意构建模型课程资源五年级第二单元第四课，在前面的课程中，学生已经学习了使用积木零件搭建桥梁和房屋的模型。在本节课中，学生将以往搭建模型的经验，与中国传统建筑相结合，搭建出简单的两柱一门牌楼。本节课是第二单元的最后一课，通过本课内容的学习，检验学生对本单元所学知识的掌握情况。</td></tr>
<tr><td colspan="2">2. 学习者分析
从起点水平方面分析：参与本次活动的学生是小学五年级的学生，经过一年的学习，学生能够利用插件完成基本模型的构建，熟悉并了解不同积木零件在结构构成中的基本作用，能够知道特殊零件的分类及使用。
从认知结构方面分析：学生在数学课中已经学习过各种图形的特点，并能够利用积木零件完成基础形状的搭建。
从学习态度方面分析：学生对模型构建的相关课程非常感兴趣，希望利用积木零件搭建出各种生动形象的模型。遇到问题时，能够积极思考，形成解决方案，并尝试通过实践的方式解决问题。
从学习动机方面分析：五年级的学生喜欢具有难度的挑战性任务，具有好奇心，喜欢运用积木零件完成生活中常见模型的搭建。
从学习风格方面分析：学生喜欢小组学习和合作学习，喜欢通过与同伴间的交流与讨论共同完成任务。</td></tr>
</table>

续表

3. 学习目标确定

知识与技能：认识牌楼的构成，了解牌楼的历史；认识平面三角形、平面正方形、平面长方形、圆形四个基本几何图形；了解平面几何图形通过拉伸能转变成立体几何图形，了解不同立体几何图形的结构特点，能够用立体几何图形来描述牌楼的结构特点。

过程与方法：经历绘制草图的过程，掌握将二维图形转变为立体图形的方法；通过小组探究，掌握运用积木零件搭建经典牌楼的方法。

情感、态度与价值观：培养学生的沟通、合作、创新精神；学习中国传统建筑，培养学生的民族自豪感。

4. 学习重点、难点

学习重点：发现牌楼中的几何图形，并使用插件搭建出来。

学习难点：牌楼的草图绘制、搭建牌楼模型的稳定性。

5. 学习评价设计

评分内容	评分细则	分值
创意性 20	作品属于原创，有创新性，能很好地诠释活动主题	11—20
	作品在模仿的基础上有所创新，能体现活动主题	6—10
	完全模仿，没有任何创新，且偏离活动主题	0—5
科学性 20	符合科学原理和规律，能将课本中的科学知识很好地应用到作品中，且能与前沿科技理念与知识相结合。作品稳定性很好，不晃动，结构合理	11—20
	符合科学原理和规律，但课本中的科学知识应用少，没有涉及最新科学技术。作品稳定性较好，轻微晃动，但不影响作品摆放效果	6—10
	不符合基本的科学原理和规律，已学知识运用少，没有涉及最新科学技术。作品稳定性不好，轻微晃动会导致作品失去平衡	0—5
操控 实用性 30	作品容易操控，能很好地演示所涉及的科学技术。作品符合社会需要，具有较高的经济生活价值	21—30
	作品操控性能一般，有部分控制失灵现象，但不影响整体模型的动态展示。作品符合社会需求，但实用价值不高	11—20
	作品很难操控，运转失灵，不能展示出应有效果。作品不符合社会需求，没有实用价值	0—10
美观性 15	作品整体美观，且各部分模型制作精致，具有合理的特色装饰，能很好地诠释作品主题	11—15
	作品整体美观，但细节粗糙，装饰内容少，不能很好地诠释作品主题	6—10
	作品感观差，布局混乱，没有任何装饰，不能诠释主题内容	0—5
学生表达 15	学生表达条理清楚，能够清楚地说明作品的创意内涵、主题特色和制作过程，没有念稿现象	11—15
	学生表达基本能够说清作品的内涵，有念稿现象	6—10
	学生表达不清楚，不能说明制作过程	0—5
总计 100 分		

续表

6. 学习活动设计

教师活动	学生活动
活动一：教学引入	
教师活动 1 **师：**同学们，在今天的课程开始之前，我们先来玩一个抢答游戏，看谁能够又快又对地回答出老师提出的两个问题。 教师出示问题 1： 以下牌楼是几门几柱几楼式牌楼？（出示牌楼图片） A. 一间二柱三楼 B. 三间四柱七楼 C. 一间二柱一楼 D. 三间四柱三楼 教师出示问题 2： 牌楼的作用不包括哪一个选项？ A. 标志性牌楼 B. 纪念性牌楼 C. 装饰性牌楼 D. 地域性牌楼 **师：**请同学们看大屏幕上出示的牌楼照片，在学习单上写出该牌楼被标记出的部分所对应的图形。	**学生活动 1** 看 PPT 上展示的问题，并运用抢答器回答问题。 在学习单上完成任务。
活动意图说明： 激发学生的学习兴趣。	
活动二：任务准备	
教师活动 2 **师：**刚刚我们对牌楼的基本构成有了初步了解。今天，我们就来搭建一个简单的牌楼。由于时间关系，我们今天只搭建两柱一门一楼式牌楼。 	**学生活动 2** 学生在学习单上完成草图绘制。 

续表

<table>
<tr><td>**师**：在搭建之前，老师要求同学们先用你们学过的几何图形画出你们要搭建的牌楼的草图。
师：不同视角下，牌楼的样子是不一样的，我们看一下其他视角下的牌楼长什么样。教师巡视并给出指导意见。

</td><td></td></tr>
<tr><td colspan="2">**活动意图说明：**
为完成牌楼搭建做好前期准备工作。</td></tr>
<tr><td colspan="2">**活动三：基础搭建**</td></tr>
<tr><td>**教师活动3**
师：同学们，我们刚刚画出了要搭建的牌楼的草图。下面我们就以组为单位进行牌楼的搭建。
师：在搭建之前老师先给大家提几个要求：五人一组，分工合作，每人搭建牌楼的一个部分，即基座、立柱、横梁、斗拱、楼顶。</td><td>**学生活动3**
学生动手实践，搭建牌楼的各个部分。
学生动手实践，完成牌楼各个部分的组合。</td></tr>
</table>

续表

活动意图说明： 经历搭建过程，内化将平面图形转变为立体图形的知识。	
活动四：组装测试	
教师活动 4 **师：**我看到很多同学都已经完成了牌楼基础部分的搭建，下面给大家几分钟时间将各部分组合起来测试牌楼的稳定性。	**学生活动 4** 测试牌楼的稳定性。
活动意图说明： 经历测试过程，发现模型不足。	
活动五：再次测试	
教师活动 5 **师：**下面再给大家几分钟的时间对自己的牌楼模型进行修改再测试。	**学生活动 5** 学生动手实践，测试模型。
活动意图说明： 验证修改方案的合理性。	
活动六：分享交流	
教师活动 6 **师：**经过大家的修改，我看到很多组同学的模型在稳定性上都有了很大的提高，下面就请几组同学来展示一下他们的作品。 **师：**刚刚有几组同学展示了他们的作品，请其他组同学说一说：你们认为他们的牌楼搭建得如何？有哪些优点，还有哪些需要进一步改进的？	**学生活动 6** 学生展示作品。 学生交流。
活动意图说明： 培养学生的表达能力，进行组间互评。	

续表

7. 作业与拓展学习设计

师：同学们，今天我们动手搭建了一个简单的牌楼模型。在搭建的过程中有的组在牌楼组合的过程中出现了一些问题，大家都及时进行了修改。在搭建的过程中，大家不仅要考虑自己所承担的工作，还要从小组的整体任务出发，与其他组员进行很好的交流合作，这样才能更好地完成任务。

师：不同视角下，同一模型具有不同的结构特征。

师：今天我们搭建的是一个简单的牌楼，其实牌楼的种类还有很多，下面我们再来看几个牌楼的局部图片。

师：我们看到的这个牌楼是用榫卯结构进行连接的。这种连接方式，是由我国古代的工匠发明的，其实它还可以运用到很多现代科技项目中。下面我们看到的这个图片所展示的就是用榫卯结构制作的无人机。

师：同学们，我希望大家能够发挥自己的聪明才智，用积木零件搭建出更多有创意的模型。

8. 特色学习资源分析、技术手段应用说明

第一，几何图形与创意构建相结合。

将几何学中的点线面体用实体模型展现出来，培养学生从一维到二维三维的空间想象能力，同时将牌楼拆分成不同的几何模型，让学生明白各种各样的物体也是由各种简单图形组合而成的，为学生学习三维建模、立体几何等打下基础。

第二，跨学科学习，培养学生多方面的能力。

“牌楼中的几何图形”一课的课程主题是从中国古代传统文化入手，选取贴近学生生活的常见建筑模型，让学生在学习之初，就能感受到他们所学的科学知识和技术贴近他们的日常生活。本节课用科技模型的方式学习中国传统文化知识，让学生体验跨学科学习，并将科技课程与学科课程进行很好的整合和融入，突出学科融合的特点，使学生学会比较不同的学科和理论观点，理解综合的力量，其中心目的是促进学生学习的综合化，使学生的知识结构和知识体系成为一个紧密联系的整体，形成整体知识观和生活观，以全局观念认识世界和解决问题。

续表

第三，采用问题引导的方式，突出学生的主体地位。 本节课采用问题引导的方式，让学生经历体验、设计、制作、分享等过程，完成模型的制作。在设计的过程中，教师通过一系列问题引导学生思考，充分体现了学生的主体地位，学生在整节课程中始终处在不断思考、不断讨论、不断动手实践的过程中。由于本节课是一节综合性的课程，学生已经学习了一些关于牌楼的基本知识和结构搭建的知识，本节课的重点是让学生能够综合地运用知识，并用知识解决问题。 第四，多元评价方式，注重培养学生的表达能力。 在课程的展示阶段，学生以小组为单位进行作品展示。学生在展示的过程中，可以进行作品的自我评价，其他小组同学可以对这个作品进行评价，教师也可以对作品进行评价，从而形成多元化的评价方式。在设计本节课之前，教师发现学生不愿意表达自己的想法，因此在课程中设计了学生展示的环节，让学生能够大方地介绍、分享自己的作品，从而培养他们的表达能力。 第五，运用技术手段，推动学生学习方式变革。 在本节课学生实践的环节中，教师使用了平板电脑记录每组学生的制作和调试过程，最终将每组学生的成果通过大屏幕展示出来。在此环节中，新技术手段成为学生展示和分享的良好媒介，让全体学生都能够通过大屏幕了解各组学生的研究成果，以及在研究过程中遇到的一些问题，为学生间共同讨论、集思广益奠定了良好的基础。同时，通过技术的运用，能够将学生的学习过程及成果记录下来，积累了更多的课程及教育资源。
9. 教学反思与改进 在此次活动中，将学生在校内学习的数学和几何知识与科技活动相结合，为学生创造了一个很好的学以致用的机会，让学生将自己所学的知识，灵活地运用到问题解决中，极大地激发了学生参与科技活动的兴趣。同时，活动中以对牌楼的认知作为载体，从观察、寻找、设计、搭建、分享几个环节将知识的学习融入活动的各个环节中，将中国传统文化知识与科技知识完美地结合在一起。

（三）探秘国旗教学设计

表 4–3　探秘国旗教学设计

基本信息	
姓名	李莎、刘娜、韩立阳
学科	校本课程
适用年级	八年级

续表

教学设计	
课题名称	探秘国旗
课时	共 1 课时完成

1. 教学内容分析

本课选自北京市第一六六中学开设的世界公民校本课程。该课程共包含四个模块，分别为国际组织、世界多元文化、全球问题、世界公民素养。本课选自第二个模块“世界多元文化”的第一课时，旨在以国旗为载体展现世界各国文化的多元性与差异性。本节课的学习内容分为三个部分：首先，学生通过“对号入座”活动找到各自手持旗所属的大洲进而观察、分析、归纳出各国国旗设计中包含的主要元素。其次，学生通过“旗林探秘”活动将自己手中的国旗和信息卡片上的信息（卡片信息为国旗设计元素所蕴含的寓意）进行匹配，并体会和分享不同国家的文化差异。最后，学生以小组为单位设计一面旗帜，发挥想象力和创造力，将之前所学灵活地运用到自己的设计中，为自己的城市或学校设计一面旗帜，“以旗寄情”，用旗帜传递城市或学校的文化内涵。通过上述活动，学生经历了发现、探索、建构的学习过程，形成了对国旗设计主要元素及其影响因素的客观、全面、深入的认知。课程结束后，学生利用评价量表对学习过程进行个人、同伴、小组的交互式评价，以实现科学、客观的总结和反思。

2. 学习者分析

本课程的授课对象为北京市第一六六中学八年级的部分学生。在起点水平上，学生对于国旗的了解，大多局限在对于中国五星红旗的基本认知上，对于世界其他国家的国旗，大部分学生的了解并不深入。在认知结构方面，学生对于国旗的外观有初步的感知，但对于不同外观的国旗所承载的内涵缺乏系统性的、深层次的认知。在学习态度方面，在以往活动型教学模式为主导的世界公民课程中，学生基本形成了积极参与、相互合作的意识，学生能够积极地参与课堂活动和讨论，并在活动中表达自己的意见和观点。在学习动机方面，通过之前世界公民课程的学习，学生对本课程有较高的学习热情和学习欲望，对新的主题和内容充满好奇，有较高的发现问题并解决问题的愿望和能力。因此，在教学环节中激发学生自主发现和小组发现并解决问题的能力是本课的特点之一。在学习风格方面，不同学习者的学习风格存在差异性，相关研究表明，初中生更倾向于视觉型及混合型，为此，教学活动的设计尽可能使教学形式兼顾不同学习风格的需求，是本课设计的参考要素之一。

3. 学习目标确定

知识与技能：初步辨识不同国家的国旗并观察、分析、归纳国旗设计中的主要元素；尝试结合各国国旗表征及信息卡的文本信息获取各国国旗设计的影响因素；运用国旗设计中的常用元素和其影响因素创造性地设计一面校旗。

过程与方法：通过对各国国旗的辨识，初步掌握由观察国旗表征进行分析和归纳的方法；通过对不同国家国旗寓意的信息卡分类及匹配，初步掌握利用文本信息进行探究学习的方法；通过小组合作制作校旗，初步形成运用所学知识解决实际问题的方法。

情感、态度与价值观：通过对国旗表征及其内涵的学习，学生能够初步感知世界文化的多样性，树立民族自尊心与自豪感，并形成尊重、悦纳、理解的态度。

续表

4. 学习重点、难点

学习重点：从国旗表征分析、归纳国旗设计的主要元素，并借助文本信息挖掘、提取国旗所承载的文化内涵。

学习难点：运用国旗设计的主要元素及影响因素进行旗帜的再创造。

5. 学习评价设计

（1）评价方式

开展多元化评价，三种评价方式并存

自评：学生个人评价，小组自我评价。

互评：学生之间互评，小组之间互评。

（2）评价量规

学生课堂表现评价指标：学习态度、情意表现、合作精神、展示效果。

小组课堂表现评价指标：责任分工、参与范围、倾听质量、展示效果。

6. 学习活动设计

教师活动	**学生活动**
活动一：导入	
教师活动 1 展示联合国大会、奥运会、世界杯等大型活动的视频，引导学生观察这些重大活动和赛事中出现的同一标志性事物及其原因。	**学生活动 1** 观看视频并思考，回答教师的问题。
活动意图说明： 导入本课主题，激发学生的兴趣。	
活动二：对号入座	
教师活动 2 （1）提前将教室划分为五个区域，放置五大洲的标志，之后给每个学生发放一面 8 寸手摇国旗。 （2）告知学生在小组内讨论其分到的国旗所属的大洲。 （3）指导学生根据自己拿到的国旗判断其所属大洲并在教室中找到该大洲所在的位置。	**学生活动 2** （1）学生领取教师分发的国旗。 （2）学生组内讨论分到的国旗所属的大洲。 （3）学生根据分到的国旗在教室中找到其所属大洲的位置并就座，不确定小组的同学可以站到旁边的“不确定”区域。

续表

<table>
<tr><td>（4）带领全班学生核对国旗卡片代表的国家及其所属大洲，对学生不熟悉的国旗，教师要进行提示，坐错位置的学生自行调整。例如：亚洲、欧洲。

（5）引导学生观察各自组内的国旗并思考国旗设计中的主要元素（颜色、图案、形状）。</td><td>（4）学生以小组为单位，依次说出自己分到的国旗所对应的国家名称，并调整自己的位置。
（5）观察组内的国旗，思考国旗设计中的主要元素。</td></tr>
<tr><td colspan="2">活动意图说明：
初步辨识不同国家的国旗并在观察中分析、归纳国旗设计中的主要元素；通过对各国国旗的辨识，初步掌握由观察国旗表征而进行分析和归纳的方法。</td></tr>
<tr><td colspan="2">活动三：旗林探秘</td></tr>
<tr><td>教师活动 3
（1）提供给每组学生两套卡片，要求学生以小组为单位阅读粉色卡片内容，根据其中的信息线索挑选出对应的国旗，并从蓝色卡片中挑选出该国旗设计思路的影响因素。
粉色卡：对国旗颜色及图案寓意的具体说明。
蓝色卡：国旗设计思路的影响因素。
教师用 PPT 呈现一个例子，为学生提供参考。
（2）邀请各组依次派代表展示本组的匹配结果并说明理由。
（3）引导学生总结国旗设计的影响因素：历史、地理、文化……

（4）呈现一面国旗，运用上一环节学到的知识，分析这面国旗的设计所传递的信息。</td><td>学生活动 3
（1）组内学生阅读信息卡片，根据信息线索挑选出对应的国旗，并从蓝色卡片中挑选出该设计思路的影响因素。

（2）各组依次展示本组的匹配结果并说明理由。
（3）学生思考并总结影响国旗设计的因素：历史、地理、文化……
（4）观察国旗，讨论并分析两面国旗的设计所传递的信息。</td></tr>
<tr><td colspan="2">活动意图说明：
尝试结合各国国旗表征及信息卡的文本信息获取各国国旗设计的影响因素；通过对不同国家国旗寓意的信息卡进行分类及匹配，初步掌握利用文本信息进行探究学习的方法；通过对国旗表征及其内涵的学习，初步感知世界文化的多样性，形成对不同文化的尊重与悦纳。</td></tr>
</table>

续表

活动四：以旗寄情	
教师活动 4 （1）为各组分发白色 A4 纸、彩纸、彩笔、剪刀、胶棒等活动用具。 （2）布置任务：以组为单位结合本校校园文化设计一面校旗。 任务单内容：组名、旗帜名称、颜色、图案、寓意。 （3）各组依次展示作品并说明设计思路。	**学生活动 4** （1）获取教师下发的材料。 （2）以小组为单位，基于本校校园文化设计一面校旗，并共同填写任务单。 （3）展示本组作品并阐述设计思路。
活动意图说明： 运用国旗设计中的主要元素和影响因素创造性地设计一面旗帜；通过小组合作制作校旗，初步形成运用所学知识解决实际问题的方法；学生通过设计校旗，将前面两个活动环节习得的知识与技能迁移至新的情境任务中，发展想象力、创造力，感受旗帜作为一种文化符号所承载的意义与内涵。	
活动五：课堂小结	
教师活动 5 通过今天的学习，我们不仅归纳了国旗设计中的主要元素，还探索了这些元素背后所承载的文化内涵。国旗凝聚了一个国家的过去、现在、未来、地理、文化、传统，是一个群体、一个民族、一个国家的精神图腾。希望通过今天的学习，同学们不仅能尊重、爱护我们的五星红旗，还能站在世界公民的角度尊重他国国旗，彰显世界公民的良好素养。	**学生活动 5** 聆听教师对本课的总结。
活动意图说明： 总结本课内容，激发学生们的民族自尊心与文化自信，并形成对其他文化尊重、包容的态度。	

7. 板书设计

探秘国旗

续表

8. 作业与拓展学习设计 （1）选择你喜欢的一面国旗，了解它的设计理念和寓意，与同学们分享。 （2）完善本组设计的校旗，利用旗帜设计中需要包含的主要元素丰富校旗外观，并用文字说明校旗设计的寓意与内涵。
9. 特色学习资源分析、技术手段应用说明 （1）通过导入视频，学生快速了解本课主题，激活学生的背景知识，激发他们对主题的兴趣。 （2）通过教师提前筛选的各国手持小国旗，学生初步感知不同国家国旗的外观和国旗设计中的主要元素。 （3）通过阅读有关不同国旗的表征信息（颜色、图案等）所代表的不同意义的信息卡片，学生初步了解各国国旗所承载的文化内涵。 （4）通过报纸、彩笔、剪刀等工具，学生在自己设计并制作旗帜的过程中，将本课所学知识运用到实际生活中，解决实际问题。
10. 教学反思与改进 本课体现了学生的主体性，教学环节主要由不同的学生活动组成，从认识国旗、了解国旗到自己设计一面校旗，每个活动都由学生主动体验、建构、发现。 运用手摇国旗、信息卡片等实物辅助教学，为学生创设更加真实的学习环境，让学生更加直观地了解本节课的学习内容，同时也很好地激发了学生的学习兴趣，促进大部分学生参与课堂的学习和讨论。 在导入环节，将联合国大会、奥运会、世界杯等大型活动的视频穿插在一起，在引发学生思考的同时，引导学生关注国旗的重要地位，突出了本课的主题。 学生在进行信息卡匹配的活动中，经历了对信息的理解、分类和匹配等过程，通过该环节，学生不仅了解了国旗所代表的文化内涵，也初步掌握了探究学习的方法，更锻炼了学生分析问题以及归纳、总结的能力。 本课程所设计的课堂活动，需要小组成员相互交流与合作，在此过程中，学生初步掌握合作学习的模式与方法，并锻炼了与人合作、交流的能力。 本课程采用多元化评价方式，为学生提供相应的评价量表，通过学生自评、小组互评以及教师评价的方式，帮助学生更好地总结与反思自己的课堂表现，激励学生不断成长。

（四）蚊虫叮咬的应对教学设计

表 4–4　蚊虫叮咬的应对教学设计

基本信息	
姓名	鲁印丽
学科	应急安全
适用年级	五年级
教学设计	
课题名称	蚊虫叮咬的应对
课时	共 1 课时完成
1. 教学内容分析 “蚊虫叮咬的应对”是校本自编伤病急救与预防课程中的一个独立模块。其内容分为上下两部分，上半部分从学科的角度感知蚊虫叮咬的危害与应对方法，下半部分从学以致用的角度体验简易家庭环保捕蚊器的制作。 课程设置强调“以人的发展为本”，注重学生生活经验的积累，激发创造潜能，从学生的真实生活和发展需要出发，围绕“蚊虫叮咬”的话题，引导学生从自身的生活体验中发现问题，在好奇心的驱使下探究新知。通过动脑、动手、探究、设计、创作等，认识蚊虫叮咬的危害，初步掌握应对措施，进一步提升安全意识、环保意识。 整节课从构思、设计及教学呈现的全过程，激发学生自主学习的兴趣，引导学生关注身边有关健康安全的事件与活动，鼓励他们积极思考、自主探究，逐渐形成良好的应急安全意识，以及遭遇困境时沉着冷静、遇事不慌的心理素质，促进学生的全面发展和核心素养的提升。	
2. 学习者分析 五年级的学生已经具备掌握初级急救相关知识的认知水平，且对蚊虫叮咬有一定的经历，但对于如何正确处理和应对蚊虫叮咬还缺乏完整的认识。鉴于其活泼好动、充满探索欲与实践欲的特点，教学中采用小组合作的方式引导学生进行思考和探究活动，帮助学生利用已有的知识以及生活经验不断完善认知。	

续表

3. 学习目标确定

（1）通过拼图活动及视频资料，了解蚊虫叮咬的危害，树立环保意识，养成健康的生活方式。

（2）通过合作学习，掌握叮咬伤的应急处理方法，培养自救自护能力。

（3）通过小组探究，学会制作简易家庭环保捕蚊器。

4. 学习重点、难点

学习重点：蚊虫叮咬的应对方法。

学习难点：家庭环保捕蚊器的制作技巧。

5. 学习评价设计

（1）评价方式

坚持“立足过程、促进发展”的课程评价原则，注重学生在应急安全课程活动过程中的实际体验和发展程度的检测，采用多元化评价，以自评、组评、师评相结合的方式，促进学生核心素养的发展。

（2）评价量规

评价项目	评价内容	学生自评	小组评价	教师评价
学习态度	遵守课堂纪律	☆☆☆☆☆	☆☆☆☆☆	☆☆☆☆☆
	参与活动积极	☆☆☆☆☆	☆☆☆☆☆	☆☆☆☆☆
学习过程	积极思考，回答问题	☆☆☆☆☆	☆☆☆☆☆	☆☆☆☆☆
	用心倾听同学发言	☆☆☆☆☆	☆☆☆☆☆	☆☆☆☆☆
	主动参与、团结合作	☆☆☆☆☆	☆☆☆☆☆	☆☆☆☆☆
	认真进行技能实践	☆☆☆☆☆	☆☆☆☆☆	☆☆☆☆☆
学习成果	作品完成	☆☆☆☆☆	☆☆☆☆☆	☆☆☆☆☆
	课堂展示	☆☆☆☆☆	☆☆☆☆☆	☆☆☆☆☆
其他	收拾整理、保持卫生	☆☆☆☆☆	☆☆☆☆☆	☆☆☆☆☆
综合评价		☆☆☆☆☆	☆☆☆☆☆	☆☆☆☆☆

续表

6. 学习活动设计

教师活动	学生活动
活动一：设置问题　导入新课	
教师活动 1 1. 猜一猜：什么生物，你打死了它却流出了你的血？ 2. 说一说：哪位同学与它亲密接触过？有什么感受？你是如何与它抗争的？ 3. 教师点评，肯定学生表现，指出：它给我们的学习、生活带来极大困扰。怎样才能远离它的侵害呢？	**学生活动 1** 思考、回答问题。
活动意图说明： 猜谜活动激发了学生的学习兴趣，能引导学生迅速融入本课的教学情境中。联系自身生活体验，学生能有的说、愿意说，有助于调动学生的探究欲，明确学习主题。	
活动二：团队合作　深入探究	
教师活动 2 **任务一：蚊虫危害大排查** 1. 提出问题，组织小组探究： 蚊子经常会在图中什么地方出现（出示绿地地图），哪些地方比较多，找到后贴在图板上。 简单说一说思考的依据。 2. 组织小组代表发言，教师及时给予肯定、表扬，完善学生认知。 （学生可能对于蚊虫适应温度提出质疑，教师及时补充：25℃～30℃，10℃以下停止繁殖） 3. 呈现图片：蚊虫的生长周期。 强调：保护环境卫生，减少积水，不给蚊虫滋生创造条件。 4. 呈现视频：蚊子叮人过程。 强调危害：它不仅以叮人吸血为生，还会传播多种传染病，给人们造成极大的困扰。	**学生活动 2** 1. 小组探究： 讨论蚊虫出现多的地方及原因，并张贴图板。 2. 代表发言，其他学生倾听、补充。 （交流总结：人多、温度、潮湿、黑暗） 3. 观看图片，了解蚊虫的生长环境，探讨交流减少蚊虫滋生的方法。 （家庭中、学校里、公共场所） 4. 观看视频，了解蚊虫叮咬的危害。

续表

任务二：蚊虫应对我支招 1. 提出思考问题，组织学生根据任务单进行小组探究：被叮咬了怎么办？ 2. 组织代表发言，讲述讨论结果。 （教师及时纠正学生的误区，两种做法不正确：容易引发“隐翅虫皮炎”、花露水内含有毒性驱避剂。） 3. 教师进行知识归纳： 蚊子叮咬后的处理：“三不做” 止痒小窍门	 1. 小组深入探究，初步完成学习任务单。 2. 分享讨论结果。 （学生可能产生的错误认识：要把蚊子拍死在身上、被咬后要喷花露水） 3. 倾听、完善任务单。
活动意图说明： 采用“拼图”活动和视频资料教学，遵循了学生的认知规律，符合学生的认知特点，有利于调动学生的学习积极性，激发学习兴趣；小组合作的学习方式，发挥了学生的主体作用，既能满足学生的探究欲，又有助于学生深化对蚊虫叮咬危害性的理性认知，自觉提高防护意识。	
活动三：联系生活　学以致用	
教师活动 3 **任务三：自制家庭（环保）捕蚊器** 1. 提出任务——制作家庭环保捕蚊器；分发研究材料：矿泉水瓶、白糖、小苏打、水、纸、剪刀（**强调剪刀的使用安全**） 2. 指导学生进行探究活动，教师适当提示。 **提示：**容易飞进去——口要大 不容易飞出来——口要小 蚊子愿意飞进去——要有吸引物 **提示：** （1）制作糖水，并放入小苏打，产生反应，生成二氧化碳。 （2）蚊子对人或动物的体温、汗液和呼出的二氧化碳敏感。 **提示：**制作外壁，用深色纸完全包裹瓶身，防晒避光。 3. 教师巡回、强调剪刀使用的安全性，指导小组制作。	**学生活动 3** 1. 倾听、明确任务。 2. 小组合作探究，了解材料用途，进行设计制作，完成任务单。（分析思考） 设计一个蚊子容易飞进去却不容易飞出来的形状。 白糖和小苏打的用途是什么？ 纸的作用是什么？为什么用黑色纸？

续表

活动意图说明：

源于生活又回归生活，学以致用。在小组探究中，学会制作简易家庭环保捕蚊器；在作品的设计、创作中，发展创造性思维，培养合作意识和团队精神。

活动四：交流展示　总结评价

教师活动 4	学生活动 4
1. 组织学生交流、展示。 2. 教师适时点评、鼓励。	小组代表展示作品，分享制作感受。 （保护环境，讲卫生）

活动意图说明：

在展示中锻炼语言表达能力，在交流中相互学习、分享收获。树立环保意识，自觉养成健康的生活方式。

7. 板书设计

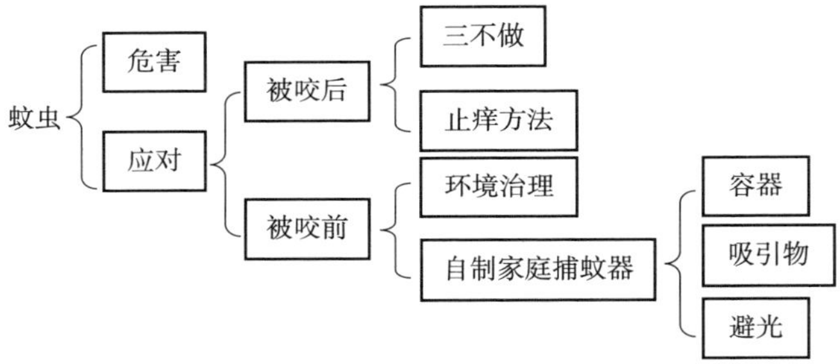

8. 作业与拓展学习设计

（1）消除学校及家庭中的卫生隐患，不给蚊虫滋生创造条件。

（2）制作预防蚊虫叮咬宣传小报，在学校及社区开展宣传活动。

9. 特色学习资源分析、技术手段应用说明［结合实践（实验）教学特点撰写］

（1）用自制的画板拼图游戏形式，激发学生的学习兴趣。

（2）用 PPT 演示文稿、视频资料，冲击学生的感官，引导学生进一步探究知识，形成系统认知。

（3）用任务单反馈学习效果，注重学生的实际获得。

（4）以小组学习的形式，提升学生的团队合作意识，促进分享交流、收获感悟。

续表

10. 教学反思与改进

（1）以学生发展为本，打造学生高效参与的学习模式

“蚊虫叮咬”是学生生活中常见的意外伤害。本课程设置是基于学生的直接经验，密切联系学生的社会生活，选取了学生日常生活中常见的“蚊虫叮咬”主题并围绕其展开讨论与探究，使学生有的说、能够说、愿意说。教学中以“帮助学生建立安全意识”为主，以“认识或了解应急措施”为辅，不过于强调专业性的医疗急救技能，而是注重引导学生形成安全防护意识。通过创设多样的教学情境，将课堂交给学生，将探索的空间还给学生，把自主权还给学生，使学生在课堂上充分表达情感、体验，培养学生的创新思维。“猜谜式”问题导入有效激发了学生的学习兴趣；图板的粘贴、任务单的完成、家庭捕蚊器的制作，让学生在自主学习的空间里手脑并用，在小组合作中积极参与，主动合作探究，发现问题、分析问题、解决问题，在活动参与中体验学习的快乐，在思维碰撞中实现知识共享。由于该课程紧密地联系了学生的生活实际，所以在整个教学活动中学生的参与度较高，效果好。

（2）教学形式仍需探索

作为教学实施者，尽管有二十多年的教龄，但今天面对的却是全新的小学生，他们的认知能力、理解能力等与高中生大不相同。通过教学实践，我认为在教学形式上可以进一步探索，教学素材可以再多元化些，比如图片、视频的选取，案例的选择等可以再生动些，以更符合五年级学生的认知特点。此外，在设计问题情境时，思维可以更广阔一些，问题可以更开放一些，以便更深入地激发学生的创造性思维。

（3）教学评价环节还需加强

在学生展评环节，由于学生操作快慢不均且时间紧，教师的评价显得有些弱化。今后需要调整授课时间，留给学生更多的操作及表达机会，让更多学生能交流自己的创作思路、制作方法、学习收获，教师也应多做一些点评，及时给予表扬与鼓励，帮助学生树立创作的自信心。

总之，经过教学磨合与实践，本课程有成功之处，也有需要改进之处。无论如何，我希望这门课程能成为小学安全教育课程的有效补充与延续，希望安全、环保意识从此像种子一般在学生的心中生根、发芽、长叶、开花，并帮助他们把这种意识传播到周围，对社会形成良性影响。

蚊虫叮咬的应对学习任务单

蚊虫应对我支招

蚊子叮咬忍无可忍，判断一下下面观点的对错，对的打“√”，错的打“×”。

1. 当遭遇蚊子的亲密接触时必须立即拍死它，绝不能让它再祸害他人。（　　）
2. 被蚊子咬了，起了大包，喷点花露水就好了。（　　）
3. 太痒了，挠一挠才舒服。（　　）
4. 在家中用浓肥皂涂抹可迅速止痒。（　　）
5. 涂点大蒜汁。（　　）
6. 夏天出汗多，勤洗澡，蚊子就不会咬我了。（　　）

捕蚊技巧我知道

1. 蚊子是通过 ________ 来寻找攻击目标的。
2. 制作糖水，并放入小苏打，会产生反应，生成 ________。
3. 黑色纸的用途是 ________，因为 ________。
4. 制作捕蚊容器的关键一步是 ________。

评价一下你今天的表现吧！

你今天的表现如何呢？请为你自己的表现打“☑”。

（1）遵守课堂纪律 □　　（3）积极参与讨论，勇于提出建议 □

（2）积极踊跃发言 □　　（4）主动分担工作，合作精神好 □

（五）空气净化器产品发布会教学设计

表 4–5 空气净化器产品发布会教学设计

基本信息	
姓名	范晓莹
学科	科学课
适用年级	三年级
教学设计	
课题名称	空气净化器产品发布会
课时	共 2 课时完成
1. 教学内容分析 本课程围绕空气净化器的原理，开展的是实践课程，通过模拟空气净化器产品发布会的场景，使学生体验产品研发员的职业特点，同时通过项目式课程，培养学生的关键能力。 本课程依据《2018 年东城区教育工作计划要点》《东城区“十三五”教育发展规划》《东城区青少年教育学院 2018—2019 学年度工作计划》，根据我院教师专业背景、课程特点研发。课程符合《全日制义务教育课程标准》，符合中小学生学习需求。	
2. 学习者分析 本节课的教学对象是三年级学生，这一阶段的学生思维能力发展较快，自我意识增强，有较强的求知欲和表现欲，在情感方面，他们能进行自我教育。经过两年多课程理念的熏陶及实践，学生已有了初步的自主学习、合作探究的能力，但部分学生仍存在不自信、羞于表现等思想顾虑，但又希望能得到他人的肯定。 为了解决学生能力不同的问题，将教学目标分为三层，发挥学生优势，激发学生自信，例如使善于设计的学生与善于制作的学生分工合作共同完成任务，在教学活动中尽量让他们参与到活动中来，减少他们的恐惧感，通过学生间的合作学习，降低他们的学习难度，使各层次的学生都有收获，使他们体验到成功的喜悦。	
3. 学习目标确定 **知识目标：**掌握空气净化器的原理及应用；了解 PM2.5 的危害及预防措施。 **能力目标：**学会使用螺丝刀、扳手等日常工具；尝试在完成任务的过程中合理分配和使用时间；能够小组合作完成任务；逐步学会通过阅读材料、网页搜索等多种方式获取有效的信息，提高自主学习的能力；逐步学会语言流畅地表达自己的观点。 **情感、态度与价值观目标：**在操作体验的过程中对物理现象、原理及其应用产生兴趣或好奇；在努力完成任务的过程中体验到成功的喜悦；尊重、敬佩物理学家的工作。	

续表

4. 学习重点、难点

学习重点：

（1）使学生认识到保护环境的重要性；

（2）使学生了解 PM2.5 的危害；

（3）使学生有效地获取信息。

学习难点：

（1）掌握空气净化器的原理；

（2）认识到空气净化器的作用；

（3）运用不同方法顺利完成项目任务；

（4）认识研发员这个职业，并了解成为研发员所需要的技能。

5. 学习评价设计

本节课采用设计展示的方式进行教学评价。

在课程的授课过程中，每个小组需要合作完成自己的设计与套件制作，并在完成后进行展示，教师与学生通过每组设计与作品完成的情况，以及展示过程中学生的表现对每个小组进行排序，整个课程评价过程不以分数展现，小组排序只影响学生领取奖品的顺序。

6. 学习活动设计

教师活动	学生活动
活动一：问题导入：我们的空气怎么了？	
教师活动 1 1. 情景描述： 前几天，北京的天气总是灰蒙蒙的。 2. 提出问题： 同学们有没有注意观察，人们的出行有什么变化吗？ 3. 引入课程主题： 我们的空气被污染了。	**学生活动 1** 学生通过体会情景，思考北京天气的变化、人们穿戴的变化，并思考原因。
活动意图说明： 创设情境，让学生感觉置身其中，激发学生的好奇心和学习欲望。	
活动二：使用教学 PPT 向学生讲述本节课知识	
教师活动 2 空气净化器的原理及应用。 教师通过 PPT 演示、视频等手段讲述本节课的知识点，提出问题引导学生自主思考。学生观看视频，加深对空气污染的理解：	**学生活动 2** 学生思考并回答老师提出的问题。

续表

大气污染物有哪些？ 空气污染对人体的危害有哪些？ 如何防止吸入被污染的空气？ 空气净化的好帮手——空气净化器。	学生通过观看 PPT 及动画对空气污染及空气净化器原理进行学习。
活动意图说明： 教师利用 PPT 动画来吸引学生的注意力，使学生能形象地理解空气污染的原因。 教师利用实验教具及 PPT 动画来吸引学生的注意力，使学生能形象地理解空气净化器的原理，为之后学生进行项目式自主学习打下基础。	
活动三：学生分组设计空气净化器	
教师活动 3 教师发放课前设计的项目手册（在教学文件中），引导学生按照项目手册的要求设计空气净化器。	**学生活动 3** 学生分组按照项目手册的要求进行角色分工，共同完成空气净化器的设计，其中包括外观的设计、推广广告设计等。
活动意图说明： 学生分组自主完成“空气净化器产品发布会”项目，通过阅读项目手册提高阅读能力、通过小组分工完成项目培养合作能力、通过空气净化器产品设计培养创新能力以及其他关键能力。 在分组设计的过程中，教师引导学生完成不同的工作，激发学生的学习兴趣并发掘自身优势，体验不同工作、职业的特点。	
活动四：空气净化器设计展示赛	
教师活动 4 教师组织空气净化器设计展示比赛。	**学生活动 4** 学生改装自己制作的空气净化器并设计宣传本组的空气净化器，以组为单位展示、宣传自己的空气净化器。
活动意图说明： 教师通过课上观察，记录学生的课堂行为。 在分组比赛的过程中，针对学生的优点进行鼓励，同时婉转地指出学生的不足，引导学生进步，从而激发学生的学习兴趣，使学生发现自己的特长，规划未来的职业方向。	

续表

7. 板书设计 大气污染物 空气污染对人体的危害 如何防止吸入被污染的空气 空气净化的好帮手——空气净化器
8. 作业与拓展学习设计 （1）与父母分享 PM2.5 的危害及空气净化器的原理。 （2）和父母分享扮演研发员的感受。
9. 特色学习资源分析、技术手段应用说明 （1）课程使用简单、易学、可见的教学方法与方式，使学生提前了解物理知识，激发学生学习物理的兴趣。 （2）本课程使用项目式教学方式，充分锻炼学生的核心能力，通过小组分工锻炼团队合作能力、通过组员交流锻炼表达交流能力、通过项目实施锻炼时间管理能力、通过阅读项目材料锻炼阅读理解能力、通过角色分工锻炼领导管理能力。教师仔细观察学生的行为状态，及时对学生进行引导。
10. 教学反思与改进 （1）学生在课程的学习过程中，通过分组合作，共同完成教师所布置的任务，培养学生的合作、交际能力，并在小车设计环节中，培养学生的创造能力。整堂课使用了项目式学习的方式，从不同方面提升了学生的核心素养。 （2）通过学习本课程，学生能够较好地合作完成项目，但分工还不够明确，部分学生不能发挥自己的长处。按照课程的总目标，本节课的核心工作之一就是挖掘学生的特点，引导学生认识自己的优势，规划未来职业，这是未来课上教师需要着重观察与引导的。

（六）金属探测器的奥秘教学设计

表 4–6　金属探测器的奥秘教学设计

基本信息	
姓名	薛静
学科	科学与技术
适用年级	五年级
教学设计	
课题名称	金属探测器的奥秘
课时	共 2 课时完成

1. 教学内容分析

“小小发明家”是东城区青少年教育学院北东分院学院制职业体验课程。课程以解决情景任务为主线，以生活中的科技产品模拟套件为载体，通过有趣的科学实验和小组项目式学习的方式，引导学生自主探索组装科学套件，了解光电声等相关科学知识及实际应用，提升学生的科学兴趣，树立理性思维、批判质疑、勇于探究的科学精神，培养乐学善学、勤于反思的学习能力，自主阅读、团队协作能力，养成爱劳动的好习惯，能用所学技术解决实际问题，培养学生的核心素养能力，形成对发明家的初步职业认知和兴趣。课程包括声学、光学、电磁学等 5 个模块，共 15 个套件。

本课题是电磁学模块的第一次课。需要学生掌握的科学知识包括奥斯特实验现象、法拉第实验现象、金属反射电磁波，以及金属探测器的结构和原理，为后续电磁学模块的学习奠定知识基础。作为职业体验课程，需要培养学生的认知能力、合作能力、创新及解决实际问题的能力，建立科学实验安全实操规范意识，产生对科学家和发明家职业的兴趣，形成一定的职业能力。同时，要在课程中融入德育教育，帮助学生树立正确的社会观和价值观念。

2. 学习者分析

从起点水平来看，小学中高年级段学生在逻辑思维和动手操作上有一定基础，能够动手制作简单的科学套件。

从认知结构来看，学生有一些基本的生活经验，对金属探测产品有一定的使用认知，但对其科学知识和原理不甚了解。

续表

从学习态度来看，学生已具备了在教学活动中积极参与、相互合作的意识，在情感方面他们能进行自我教育。 从学习动机来看，学生对科学有一定的兴趣，有较强的好奇心和求知欲，对职业和理想有一定的期待。 从学习风格来看，大部分学生乐于以团队合作的方式进行学习、展示和交流，敢于发表自己的看法，但部分学生存在不自信、羞于表现等思想顾虑。
3. 学习目标确定 **知识与技能：**了解奥斯特实验、法拉第实验、金属反射电磁波现象；理解金属探测器的结构和原理；搭建和调试金属探测器套件；列举金属探测器的应用。 **过程与方法：**通过金属探测器组装、调试的探究过程，体验发明家进行发明创造的过程和规范化科研操作的过程；通过团队合作，初步学会与他人沟通协作、合理分配和使用时间的方法；通过小组展示交流，体验语言流畅地表达自己的观点、自信地展示自己的方法；通过任务式探究解决问题，体会积极思考、使用逻辑思维解决问题的方法。 **情感、态度与价值观：**体验技术探究过程中的曲折，感受解决技术难题的喜悦，形成对科学的探究欲望；参与合作探究学习的过程，促使学生形成积极思考、探究新知、团队合作、敢于表现的个性；体验发明实验的奇特，使学生产生对发明家的崇敬，初步建立对发明家职业的认知；参与安检小百科活动，培养学生遵守安检规则，做文明合法小公民的意识。
4. 学习重点、难点 **学习重点：**在了解奥斯特实验、法拉第实验、金属反射电磁波现象的基础上，理解金属探测器的结构与原理，小组自主探究金属探测器的搭建与调试，并进一步了解其应用。 **学习难点：**金属探测器的结构与原理。
5. 学习评价设计 **自评：**以小组为单位进行总结分享，包括个人学习感受以及遇到的问题和解决方法，进行个人和小组自评。 **小组互评：**每个小组认真听取其他小组展示和自评，给出积极的评价。 **教师评价：**结合教学目标，根据小组和个人在各个环节的表现，及时给予指导和评价。

续表

6. 学习活动设计

教师活动	学生活动
活动一：创设情境（观看视频短片，思考回答问题）	
教师活动 1 播放《小羊肖恩——金属探测器》短片。 **问**：影片里小羊肖恩拿的是什么？ （板书：金属探测器） **问**：金属探测器是用来做什么的？	**学生活动 1** 观看短片，结合生活常识，回答老师的问题。 **答**：金属探测器。 **答**：探测金属。
活动意图说明： 利用动画短片导入，激发学生的学习兴趣。	
活动二：奥斯特实验	
教师活动 2 奥斯特实验现象 金属探测器为什么能探测到金属呢？让我们一起来学习一下吧！我们先来看一个实验，请大家认真观察实验现象。 **实验（视频）**：通电线圈影响小磁针。 **问**：你看到了什么现象？ **讲**：这种现象最早是被一位叫作奥斯特的发明家发现的，所以被称为奥斯特实验，也被叫作电的磁效应实验。 （板书：奥斯特实验） 究竟是什么让小磁针晃动的呢？ 科学家发现，线圈通电时能够发射一种电磁波，就是这些电磁波影响了小磁针，让它们晃动的。 刚才的实验表明：通电线圈可以发射电磁波。	**学生活动 2** 认真观察实验，积极思考并回答老师的问题。 **答**：通电线圈旁的小磁针在晃动。 理解通电线圈能够发射电磁波。
活动意图说明： 教师利用实验展示，带领学生认真观察，使学生形象认识奥斯特实验现象，理解通电线圈能够发射电磁波。	

续表

活动三：法拉第实验	
教师活动 3 法拉第实验现象 我们再来看一个实验。请大家认真观察实验现象。 **实验：**线圈接收到电磁波，产生电，可以使线圈上连接的小灯亮起。 **问：**你看到了什么现象？ **讲：**这种现象是被一位叫作法拉第的发明家发现的，所以被叫作法拉第实验，也叫电磁感应实验。（板书：法拉第实验） 小灯为什么会亮起呢？ 原来，线圈通电不仅可以发射电磁波，也可以接收电磁波。当线圈接收到电磁波后，会在线圈中产生电，于是小灯就亮起来了。 刚才的实验表明：线圈可以接收电磁波，产生电。	**学生活动 3** 认真观察实验，积极思考并回答老师的问题。 **答：**带小灯的线圈靠近通电线圈时会亮起。 理解线圈接收到电磁波产生电。
活动意图说明： 教师利用实验展示，带领学生认真观察，使学生形象地认识法拉第实验现象，理解线圈接收到电磁波产生电。	
活动四：金属反射电磁波	
教师活动 4 金属反射电磁波 在刚才的实验中，大家有没有注意到：两个线圈之间隔了一层透明塑料板，但是并没有影响线圈接收电磁波。那其他材质也不影响线圈接收电磁波吗？大家一起来测试一下吧！请大家认真观察实验现象。 **实验：**在两个线圈之间放置不同种类的物质：纸片、纸板、泡沫、玻璃、铁片、铝片、不锈钢、布片、塑料片。	**学生活动 4** 积极参与实验，认真观察，积极思考并回答老师的问题。

续表

问：你看到了什么现象？ **讲：**原来，金属具有很强的反射电磁波的作用。当通电线圈发射的电磁波遇到金属片后，电磁波被反射，在金属另一侧的接收线圈接收不到电磁波，所以就不亮了。（板书：金属反射电磁波） 金属探测器原理。 科学家就是利用我们刚才讲的三个现象，发明制作了金属探测器。我们一起来看一看。在金属探测器上，有一个通电线圈发射电磁波，遇到金属后，电磁波被反射回来，另一个线圈接收到反射回来的电磁波，在线圈中产生电，使连接在线圈上的指示灯变亮、蜂鸣器响起。	**答：**在两个线圈之间放置金属时，接收电磁波的线圈上的小灯不亮了；放置其他物质对灯没有影响。 了解金属反射电磁波。 理解金属探测器的原理。
活动意图说明： 教师利用实验展示，鼓励学生参与实验，带领学生认真观察，使学生形象地了解金属可以反射电磁波。同时，引导学生大胆猜想，理解金属探测器的原理。	
活动五：布置任务	
教师活动 5 1. 任务情境 今天上午，我在这个教室里整理这些套件盒子的时候，把一部手机落在了某个盒子里，但是现在这些盒子被封上了，只能拆有手机的那个盒子，这个问题难住我了，大家能不能帮我想想办法，找到我的手机呢？ 2. 布置任务 请大家以小组为单位，按照老师布置的任务，自主阅读制作指导手册，按照手册要求共同完成金属探测器的制作。 3. 注意事项 安全使用螺丝刀。 按照指导手册正确组装。	**学生活动 5** 认真思考老师的问题，努力寻找解决问题的思路。 **答：**使用金属探测器。 明确任务。 明确操作注意事项。
活动意图说明： 创设有利于学生自主建构知识的任务，让学生置身其中，激发学生的好奇心和学习欲望，形成面对问题积极寻求解决办法的学习习惯。	

续表

活动六：实施任务	
教师活动 6 **布置任务 1：清点和认识零件** 检查学生的准备情况。	**学生活动 6** **制作任务 1：清点和认识零件** 1. 清点桌面上的任务用具。 2. 清点零件。 3. 认识零件。 4. 撕掉保护膜。
布置任务 2：安装制作 教师及时给予指导，协助学生完成金属探测器的制作。	**制作任务 2：安装制作** 1. 安装底板。 2. 安装电路板。 3. 安装顶板。
布置任务 3：检测效果 指导学生使用制作完成的金属探测器检测座位附近的金属，测试金属探测器的效果。 引导学生描述各种不成功的情况，书写在黑板上。 引导学生分析归纳测试不成功的原因：套件组装问题。 探测灵敏度问题：使用电位器调节探测距离。	**制作任务 3：检测效果** 1. 安装电池。 2. 按下开关。 3. 探测金属（可能成功，也可能不成功）。 描述不成功的情况： 蜂鸣器一直响，指示灯一直亮。 蜂鸣器不响，指示灯不亮，即使探测到金属，蜂鸣器也不响，指示灯也不亮。 蜂鸣器不响，指示灯不亮，探测到金属，蜂鸣器才响，指示灯才亮。
布置任务 4：调试 帮助学生完成调试。	**制作任务 4：调试** 1. 查找组装问题。 2. 调整灵敏度。 3. 再检测。
布置活动任务：帮老师找出手机。 **布置任务 5：整理收尾** 检查学生的完成情况。	**执行活动任务：**寻找手机 **制作任务 5：整理收尾** 1. 整理多余零件，装入小袋。 2. 整理制作指导手册。 3. 将螺丝刀、多余零件、制作指导手册交给老师。 4. 清理操作台上的垃圾，扔进垃圾桶。

续表

<table>
<tr><td colspan="2">活动意图说明：
创设有利于学生自主建构知识的任务，让学生置身其中，激发学生的好奇心和学习欲望，形成面对问题积极寻求解决办法的学习习惯。</td></tr>
<tr><td colspan="2">活动七：金属探测器的应用</td></tr>
<tr><td>教师活动 7
1. 布置活动任务
寻宝大比拼：你的金属探测器除了帮我找手机，还能做些什么呢？让我们来一场寻宝大比拼吧！
2. 引导学生总结金属探测器的应用
安全检查：安检仪、安检门
军事排雷：探雷器
矿物勘探：淘金
考古
金属杂质检测
检测地下金属埋设物
……
3. 展示评价比拼结果
4. 引导学生分析探测失败的原因
设备精度不够
电池能量不够
……
5. 启发学生思考如何改良
增大线圈
增加电源能量
……</td><td>学生活动 7
按照老师给的金属探测器寻宝大比拼活动任务单，组合对抗小组，开展寻宝大比拼活动。

积极思考，说出身边金属探测器的应用。

积极思考、分析本组和其他组测试成功与失败的原因。

设想如何改良自己的探测器以适应不同的环境。</td></tr>
<tr><td colspan="2">活动意图说明：
用学生喜闻乐见的游戏形式，使学生进一步了解金属探测器的应用范围。
通过引导学生分析探测失败的原因，启发他们通过设备改良的思路来解决实际问题，并进一步激发他们对改良方法和技术的兴趣。</td></tr>
<tr><td colspan="2">活动八：我是安检员</td></tr>
<tr><td>教师活动 8
1. 布置活动任务
贴纸配对活动：在我们的生活中，你知道哪些场所需要安检呢？这些场所都需要检测什么呢？让我们一起来探索一下吧！（地铁站、机场、剧场）</td><td>学生活动 8
按照老师给的金属探测器安检贴纸配对活动任务单，进行贴纸配对活动。</td></tr>
</table>

续表

2. 引导学生思考 这些不同的物品检测都需要哪些检测器呢？ 帮助学生总结答案，并指出后续课程中会讲授到相关知识。 3. 引导学生讨论 你觉得有必要安检吗？作为社会小公民，你该怎么做呢？	积极思考并回答老师的问题。
活动意图说明： 通过贴纸配对活动，让学生了解生活中有哪些安检场所和相应的安检项目，增加其生活经验。 通过讨论安检的必要性，引导学生意识到安检的重要性和必要性，反思自己的日常行为，做一个合格守法的小公民。	
活动九：总结分享	
教师活动 3 知识回顾： 1. 奥斯特实验：通电线圈发射电磁波。 2. 法拉第实验：线圈接收电磁波，产生电。 3. 金属反射电磁波。 分享交流（提问）： 1. 说一说你所在小组的精彩之处。 2. 你所在小组在本节课中遇到了哪些问题？你们是怎么解决的呢？ 3. 谈谈今天的学习收获和体会。 4. 大家是怎么帮老师完成找手机的任务的呢？（总结核心素养） 5. 大家刚刚体验的是发明家这一职业，你觉得这个职业有什么特点呢？ 6. 教师点评。	**学生活动 2** 做金属探测器课堂巩固练习题。 以小组为单位总结、分享收获和体会。每个小组认真观看其他小组的展示，给出积极的评价。
活动意图说明： 利用小组分享，增加学生自信。 教师通过观察学生的课堂行为，针对学生的优点进行鼓励，激发学生的学习兴趣，使学生发现自己的特长。 通过总结发明家的职业特点，有利于学生规划未来职业方向。	

续表

7. 板书设计 金属探测器 奥斯特实验 法拉第实验 金属反射电磁波
8. 作业与拓展学习设计 观察生活中需要使用金属探测器的场景，通过小组合作，改良已经完成的金属探测器或者自己设计创造一个金属探测器，来解决生活中遇到的问题吧！
9. 特色学习资源分析、技术手段应用说明 **学习资源** （1）教学环境：2 人一组，U 形布置桌椅 （2）教师资源 ✓ PPT 演示文稿 ✓ 教学用实验设备：发射线圈、接收线圈、USB 集线器、各类材质（纸片、纸板、泡沫、玻璃、铁片、铝片、不锈钢、布片、塑料片）、寻找手机活动用具（手机、泡沫、牛奶、塑料零件、密封的套件盒子） ✓ 课堂管理资源：PPT 播放控制器、晴雨表、磁扣 （3）学生资源 ✓ 活动用具 • 寻找手机活动用具：金属探测器套件、十字螺丝刀 • 寻宝大比拼活动用具：扫雷用具（金属、分成 9 格的带盖纸盒子）、淘金用具（金属、沙子）、考古用具（金属、分 27 格的立方体泡沫）、安检用具（金属） • 安检贴纸配对活动用具：贴纸 ✓ 活动文件资料：金属探测器安装指导手册、金属探测器寻宝大比拼活动任务单、金属探测器安检贴纸配对活动任务单、金属探测器课堂巩固练习题 ✓ 课堂用具：空白桌牌和名牌、签字笔 **教学方法** （1）讲授法：使用多媒体进行金属探测器构造和原理等基本理论的讲解。 （2）演示法：演示电磁感应现象科学实验。 （3）任务驱动：使用制作探测器探测教室里的金属。 （4）合作学习法：任务操作阶段进行小组合作学习。 （5）探究法：任务操作阶段给学生提供充分的资料支持，让学生自主探究完成金属探测器的组装和调试。 **教学手段** （1）用实验展示和实物投影，帮助学生理解难点和重点。 （2）小组合作学习，探究完成套件组装和调试。 **技术准备** 计算机、投影仪、实物投影仪。

续表

10. 教学反思与改进 （1）设计亮点 教学设计完善、规范，可操作性强。教学环节设置合理，时间安排恰当，使学生从观察、思考、分析到体验，完成在做中学的实践活动环节；活动设计有趣，学生喜欢并积极参与，基本达到用活动发展学生思维的设想；总结归纳阶段以学生为主，使学生对参与的教学各环节和实践活动进行充分反思，教师适时补充，画龙点睛。 （2）需进一步改进之处 可以乘胜追击，在学生理解课堂知识和操作方法的基础上，让学生拓展思路，自己制作一个金属探测器；帮助学生梳理他们的反思，明确在问题解决的过程中哪些是逻辑思维等，让学生明确这些核心能力，并在以后的学习中自主地提高核心素养能力；学生分组中人数较少，可以考虑增加人数，评价展示时采用 STEM 方式。

（七）寻宝小队夺金之战教学设计

表 4–7　寻宝小队夺金之战教学设计

基本信息	
姓名	梁鑫
学科	科学
适用年级	五年级
教学设计	
课题名称	寻宝小队夺金之战
课时	共 8 课时完成
1. 教学内容分析 “寻宝小队夺金之战”课程采用分组竞赛的模式将学生分组组成探险小队，队中的每位同学都有具体的角色分工，一起模拟去沙漠中寻宝，比拼哪个小队能顺利返回并挖到最多的金子。每队都会得到相同的预备金，用于购买物资，途中需要经过不同的地理位置，同时面临复杂天气的考验。每队最终得分由沙漠夺金得分、课堂纪律得分、心得体会分享得分三部分组成，促使学生在积极参与课程的同时保证课堂纪律并对课程内容进行总结反思。	

续表

2. 学习者分析 从起点水平来看，这一阶段学生的思维能力发展较快，对新知识、新形式接受能力较强，能够适应项目式教学的形式。从认知结构来看，学生在日常的学习生活中对团队合作、目标、计划等方面也有所了解，能够知道这类知识的意义和重要性。从学习态度来看，学生对沙漠夺金这种以游戏形式进行学习的课程兴趣很大，喜欢以小组合作的形式与其他小组进行比拼。从学习动机来看，学生有较强的求知欲和表现欲，愿意在团队中承担一定的工作，为团队出谋划策。从学习风格来看，学生喜欢团队合作分工的学习形式，队员之间能够思维互补、相互商量，共同完成任务，取得最终胜利。
3. 学习目标确定 **知识与技能：**了解游戏规则；理解团队合作与分工的重要性；自学说明材料并分析理解其内容。 **过程与方法：**通过自主学习和队员间交流，掌握游戏规则；通过团队一起模拟游戏的学习，初步意识到团队中存在的合作和分工。 **情感、态度与价值观目标：**通过模拟游戏，学生能够感受团队合作的乐趣，获得愉悦情感体验；通过团队合作，提升学生的集体意识，培养学生乐于助人、团结合作的精神。
4. 学习重点、难点 **学习重点：**团队建设、路线设计、物资采购、每日核算。 **学习难点：**学生根据每日进程分工合作核算数据。
5. 学习评价设计 最终各队得分 = 沙漠夺金得分 + 课堂纪律得分 + 心得体会分享得分 沙漠夺金得分 = 金子数量（块）× 顺序价值 + 剩余资金 顺序价值：第一个回大本营的，顺序价值 =100 第二个回大本营的，顺序价值 =90 第三个回大本营的，顺序价值 =80 其余团队，顺序价值 =70 课堂纪律得分：用晴雨表记录 晴：200　云：150　闪：100　雨：50 心得体会分享得分：课程结束前各队进行心得分享，由教师按分享的情况进行评分

续表

6. 学习活动设计

一、导入教学	·创设情境或回顾上节课内容
二、通过游戏讲解本节课知识点	·团队合作分工、目标与计划、合理配置资源、信息价值
三、实践模拟	·四轮寻宝夺金之战
四、交流分享	·根据每节课的教学目标提问，让学生总结、分享心得体会

<table>
<tr><th>教师活动</th><th>学生活动</th></tr>
<tr><td colspan="2">活动一：创设情境导入教学</td></tr>
<tr><td>教师活动 1
1. 情境描述
19 世纪末，某人在人迹罕至的沙漠中发现了宝藏，得知消息的人们分别组成探险小队，前往沙漠夺取宝藏。
2. 提出问题
假设在座的同学们也是其中的探险小队，大家想不想夺取宝藏？想不想取得第一名？
3. 讲解得分规则
想得第一名，就得得分最高，那么分数是怎么计算的呢？</td><td>学生活动 1
体会情境，将注意力集中到课堂中。

体会情境，认真听得分规则。</td></tr>
<tr><td colspan="2">活动意图说明：
讲解课程任务背景，将学生带入模拟情境中，激发学生的学习兴趣；讲解得分规则，有利于学生认真听后面的游戏规则。</td></tr>
<tr><td colspan="2">活动二：讲解游戏规则</td></tr>
<tr><td>教师活动 2
1. 提出问题
图中都有什么？字母代表什么？</td><td>学生活动 2
思考并回答问题。</td></tr>
</table>

续表

2. 提出问题 在刚才的介绍中，有的地方天气时好时坏，那么具体都有什么天气呢？同学们先说一说可能遇到的天气。	思考并回答问题。
3. 播放视频 欢乐树朋友——沙漠	观看视频。
4. 提出问题 在刚才的动画片中，大家有没有注意沙尘暴和高温时那只鹿都有什么反应？	思考视频中出现的情景及小鹿的反应。
5. 提出问题 不同天气会导致食物和水的消耗有什么变化？采取什么措施可以减少物资消耗？	思考并回答问题。
6. 布置任务 同学们阅读每队桌上的物资采购说明和使用说明，读完后老师会抽取其中的一些问题提问。	学生自己阅读物资采购说明和使用说明，思考并回答问题。
7. 夺金日志表填写方法 利用“夺金日志”，记录各队的物品使用及资金情况。	按老师讲解的第一天数据的填写方法，举一反三地填写第二天的数据。
活动意图说明： 1. 通过提问，引发学生思考村庄、绿洲、沙漠等地的地理情况，引导学生了解相关沙漠知识。 2. 通过提问，引发学生思考可能出现的天气情况。 3. 以视频的形式展示沙漠中出现不同的天气情况时引起的物资消耗，引发学生思考天气状况和物资消耗之间的联系，并了解帐篷和指南针的作用。 4. 培养学生的阅读能力和分析能力。 5. 用预设的问题，检验学生是否注意到了物资采购说明中的几个关键点。 6. 让学生举一反三填写表格，促进学生思考，并检验学生是否真正掌握了填表方法。	

续表

活动三：团队建设	
教师活动 3 1. 布置任务【重点 1】 每个队填写团队建设表（起队名、设计队旗标志、进行团队分工）。 2. 提出问题 同学们想一想：五个角色分别有什么职责？不清楚的同学可以向我询问。	**学生活动 3** 进行团队建设。 思考并回答问题。
活动意图说明： 1. 通过起队名、设计队旗标志，激发学生们的团队意识。 2. 分配角色，明确每个人的任务，并让每个成员分别填表，引导学生的参与和思考；队长综合大家意见，并汇成总表，提升其团队领导力。	
活动四：实践模拟（第一轮夺金之战）	
教师活动 4 1. 布置任务 制定路线【重点 2】 物资采购【重点 3】 开始寻宝，按照选择的路线行进。 团队成员填写任务单，外交使者交换卡片【重点 4、难点】 2. 组织学生按计划行进，控制时间和纪律。	**学生活动 4** 学生按要求制定行进路线，采购物资，填写任务单（购入和消耗的物资、帐篷和指南针的使用次数、载重余量、现金余额）。
活动意图说明： 第一轮夺金之战的主要目的是带着学生将所有流程走一遍，有助于学生理解游戏规则，感受团队合作的过程，并对课程产生兴趣。	
活动五：交流分享	
教师活动 5 布置任务 各队先讨论本节课的心得体会，讨论后选出一名同学发言。 介绍团队名称、队旗、角色分工。 介绍这次寻宝的结果。 在游戏过程中，大家具体是怎么操作的。 分析有没有活着回来及获得金块多少的原因。	**学生活动 5** 学生分享成功经验和失败体会。
活动意图说明： 通过分享，既锻炼学生清晰地表达自己的意见以及公开发表自己观点的能力，也有助于学生反思游戏进程中遇到的问题。	

续表

7. 作业与拓展学习设计 本次寻宝成功的小队如何取得更多的金块，挖金块的数量与什么有关联？ 本次寻宝失败的小队失败的原因，如何才能取得成功？
8. 特色学习资源分析、技术手段应用说明［结合实践（实验）教学特点撰写］ 本课程以沙漠夺金的游戏形式展开，以“玩”中“学”的方式引发学生的学习兴趣。采用项目式的教学方式，通过小组合作分工提升学生的团队意识；通过自主学习资料，培养学生的阅读能力和分析能力；通过组间交流和心得分享，锻炼学生清晰地表达自己的意见以及公开发表自己观点的能力。在学习过程中以学生为主体，老师主要是观察和引导，注重学生的理解和体会。 运用了新颖的教学手段：用得分规则和物资采购说明等文字资料引导学生自主学习，培养学生的阅读能力和分析能力。用团队建设表和夺金日志表激发学生的团队意识及个人职责感。用游戏中的内容举例讲解目标与计划、资源配置、信息价值的意义和重要性。通过心得分享环节，锻炼学生清晰地表达自己的意见以及公开发表自己观点的能力，有助于学生反思游戏进程中遇到的问题。用晴雨表记录课堂纪律得分，便于直观有效地控制课堂纪律。
9. 教学反思与改进 （1）学生在课程的学习过程中，通过分组合作，共同完成小组任务，培养团队合作能力、沟通能力，并在行进路线规划等环节培养学生的创造能力，在心得分享环节培养学生表达观点的能力。 （2）通过之前的课程，学生能够较好地进行团队合作，但分工和执行步骤还不够明确，有的学生不能在组内发挥自己的长处。按照课程总目标，本节课的核心工作之一就是让学生明白团队合作的重要性，并做到跟组内成员分工合作，因此这是教师在未来的课上需要着重观察与引导的。

（八）京腔京韵乐品赏　京曲京味乐传承教学设计

表 4–8　京腔京韵乐品赏　京曲京味乐传承教学设计

基本信息	
姓名	谢瑜
学科	曲剧
适用年级	一至六年级
教学设计	
课题名称	京腔京韵乐品赏　京曲京味乐传承 ——东城区小学生体验北京曲剧主题教育活动

续表

课时	共 6 课时完成
1. 教学内容分析 为落实《关于进一步加强和改进未成年人校外活动场所建设和管理工作的意见》（中办发〔2006〕4 号）提出的“要针对未成年人的身心特点，精心设计和广泛开展经常性、实践性强的校外活动；要结合学校的课程设置，组织开展生动活泼、怡情益智的文体活动，使广大未成年人在形式多样的校外活动中，培养兴趣爱好，发挥发展特长”的要求，我们联合学校、剧团共同举办学生体验北京曲剧的活动。通过这次活动，我们为孩子们营造了一个健康、快乐的活动氛围，为探索校外教育机构与学校教育的有机融合搭建了平台，为青少年的健康、快乐成长创造了条件。 中国文化遗产日，是每年六月的第二个星期六。“传承文化遗产，添彩美丽中国。”校外教育机构应根据学生和社会的需要，紧紧围绕“活动育人”这个中心，遵循有目的、有计划、有组织的原则向未成年人实施教育活动。中国戏曲文化内涵丰富，我们要为青少年创造良好的文化环境，使他们感受教育启迪、陶冶思想情操、充实精神世界。	
2. 学习者分析 青少年是富有朝气和梦想的群体，他们思想活跃，可塑性强，接受能力强。校外教育工作者肩负着开展青少年喜闻乐见的活动的任务，要引导青少年在社会生活中体验活动的乐趣，使其将在实践中领悟到的道理内化为健康的心理品格，转化为良好的行为习惯。 艺术教育活动是校外群众活动的重要内容。我们通过调查发现，学生对参加这样的主题教育活动充满向往。这是一次寓教于乐的艺术体验活动，我们精心设计五个特色活动环节：“北京曲剧渊源我知道”“经典曲剧我品赏”“故事名角我体验”“国粹魅力我感受”“文化遗产我传承”，以丰富学生的文化生活，提高学生的艺术修养。	
3. 学习目标确定 （1）了解北京曲剧的艺术形式。 （2）体验人物角色、上妆。 （3）现场观看、欣赏北京曲剧《四世同堂》。 （4）学习北京曲剧的唱腔、曲调。 （5）团队合作表演曲剧片段。	
4. 学习重点、难点 **学习重点：**通过学习北京曲剧的唱腔、曲调，体验人物角色、上妆等，感受北京曲剧的文化内涵，了解北京曲剧的艺术精髓所在。 **学习难点：**培养学生理解北京曲剧是独特的京味戏曲，是对真、善、美的追崇，从小树立传承文化遗产的信念，提高他们的艺术涵养。	
5. 学习评价设计 采用参观、游戏、演唱、体验、观赏、团队合作表演等活动手段；在活动过程中，观察学生参与活动的积极性和活动效果；在活动结束后，组织学生填写活动反馈表，评价学生参与活动后获得的知识和情感体验。	

续表

6. 学习活动设计

教师活动	学生活动
活动一：创设情境导入教学，"活动介绍"	
教师活动 1 活动动员。	**学生活动 1** 由学生担任主持人介绍活动背景、领导来宾、活动要求、安全须知。
活动意图说明： 营造积极愉悦的活动氛围，把活动理念渗透给学生。	
活动二：学习实践，"北京曲剧渊源我知道"	
教师活动 2 活动提示：学生要认真观看视频，边看边思考，视频结束后将进行知识问题抢答环节。	**学生活动 2** 学生分别观看两个视频，介绍北京曲剧的历史渊源和北京曲剧独特的表演风格，并倾听专业人员的讲解。
活动意图说明： 充分调动学生的积极性，让学生了解活动过程，拉近与学生之间的距离。	
活动三：学习实践，"经典曲剧我品赏"	
教师活动 3 由专业人员介绍《四世同堂》本幕剧情。	**学生活动 3** 学生品赏名剧《四世同堂》一幕（配乐队）。游戏环节：竞猜人物角色、人物间关系。
活动意图说明： 运用游戏、欣赏等形式，激发学生的兴趣，理解北京曲剧是具有独特的北京韵味的戏曲，是对真、善、美的追崇。	
活动四：交流分享，"故事名角我体验"	
教师活动 4 专业演员老师分别对四组学生进行角色体验指导，教会人物的塑造和台词的表达。	**学生活动 4** 游戏环节：学生代表上妆，竞猜人物角色。学生分队进行团队合作表演比赛，由北京曲剧团老师、学校教师、学生组成评委，评选优胜队伍，大家分别阐述各自的理由。

续表

<table>
<tr><td colspan="2">活动意图说明：
通过体验人物角色、上妆、竞猜游戏等方式，增强学生对北京曲剧的理解、认同和情感，学会说唱结合、韵律独特的表演风格。</td></tr>
<tr><td colspan="2">活动五：归纳总结，“国粹魅力我感受”</td></tr>
<tr><td>教师活动 5
剧目、演员介绍。</td><td>学生活动 5
学生现场观赏全体演员演绎北京曲剧《四世同堂》（配乐队）。</td></tr>
<tr><td colspan="2">活动意图说明：
学生亲身感受一场正式的北京曲剧表演，了解北京曲剧的艺术精髓。</td></tr>
<tr><td colspan="2">活动六：拓展提高，“文化遗产我传承”</td></tr>
<tr><td>教师活动 6
在专业演员老师的指导下，学习北京曲剧的唱腔、曲调。</td><td>学生活动 6
学生走进正式的演出舞台、服装间、道具间、化妆间后台，了解各项工作流程，同时回答老师提出的问题。</td></tr>
<tr><td colspan="2">活动意图说明：
学生近距离感受北京曲剧的舞台、化妆间等，学习北京曲剧的唱腔、曲调，了解北京曲剧的文化内涵，使他们从小树立传承文化遗产的信念，提高他们的艺术修养。</td></tr>
<tr><td colspan="2">7. 板书设计（板书完整呈现教与学活动的过程，最好能呈现建构知识结构与思维发展的路径与关键点。使用 PPT 应注意呈现学生学习过程的完整性。）</td></tr>
<tr><td colspan="2">8. 作业与拓展学习设计
学生分队进行北京曲剧片段的团队合作表演。</td></tr>
<tr><td colspan="2">9. 特色学习资源分析、技术手段应用说明
学生是活动的主人，让学生快乐成长，是贯穿整个活动的重要理念。艺术教育活动是校外教育机构活动的重要内容。我们通过前期的调查发现，学生对参加这样的主题教育活动充满向往。北京曲剧是地方传统戏曲之一。针对北京曲剧贴近生活的现实主义表演，说唱结合、韵律独特的艺术风格，我们与专家、领导、教师通过充分的研讨，将这次活动定位为一次寓教于乐的艺术体验活动。我们精心设计了五个特色活动环节：“北京曲剧渊源我知道”“经典曲剧我品赏”“故事名角我体验”“国粹魅力我感受”“文化遗产我传承”，以丰富学生的文化生活，提高学生的艺术修养，促进他们更好地健康快乐地成长。</td></tr>
</table>

续表

10. 教学反思与改进 在活动设计上，我们既要考虑校外教育活动的公益性原则，也要充分考虑校外教育活动的延续性和开拓性。 开展“京腔京韵乐品赏　京曲京味乐传承”东城区小学生体验北京曲剧主题教育活动后，来自方家胡同小学的学生们第一次走进北京曲剧团，通过体验角色、趣味游戏等环节近距离感受北京曲剧的独特魅力。随后，学生们来到天桥剧场参观舞台、道具间等，现场观赏北京曲剧《四世同堂》，向专业演员学习演唱曲剧，深深感受北京曲剧的文化内涵。而这仅仅是学生们接受北京曲剧艺术熏陶的开始，少年宫、学校、曲剧团还将继续为学生们打造文化盛宴。从 2014 年 9 月 1 日开始，“北京曲剧”校本课程将进入学校课堂，北京曲剧团和方家胡同小学的老师们共同为一至三年级的同学们授课。同时，老舍先生唯一的儿童剧《宝船》将以地道的北京曲剧形式登上天桥剧场的舞台，这将是首次启用非专业的小学生来饰演剧中角色的尝试，声情并茂的演唱，生动贴切的表演，都会以学生们喜闻乐见的形式展现出来。《宝船》的全部人物角色由方家胡同小学一至三年级的学生饰演。 我们不仅带领学生们实地参观曲剧团，欣赏经典名剧，了解曲剧文化，还将北京曲剧引入学校课堂、社会舞台，让学生们成为北京曲剧的接班人。

（九）观众意识和情感意识训练教学设计

表 4–9　观众意识和情感意识训练教学设计

基本信息	
姓名	王霏
学科	英语（戏剧）
适用年级	八年级
教学设计	
课题名称	英语戏剧系列课程之一——观众意识和情感意识训练
课时	共 1—2 课时完成
1. 教学内容分析 英语戏剧系列课程充分培育了学生的英语学科核心素养，包括语言能力、文化意识、思维品质以及学习能力。课程通过英语戏剧的概念、英语戏剧的表演规则、如何研读剧本、舞台走台技巧以及服装道具选择等内容的设置，在提升学生创造力和想象力的同时，建立学生的自信心与同理心，提高其英语口语能力、沟通力和团队协作力。	

续表

2. 学习者分析 学生为北京市第一六六中学初二年级学生，他们此前已经参加了英语戏剧系列课程，已经了解了英语戏剧的基本概念。学生具备良好的英语听、说、读、写基础知识，但是对英语戏剧的训练方法和英语戏剧篇目了解甚少。从其年龄特点上看，初二年级学生处于青春期，活泼好动，注意力集中的时间虽有提高，但仍无法长时间（超过 20 分钟）集中。学生的以上特点，在本课的目标和教学设计中均有体现。
3. 学习目标确定 了解戏剧的两项规则：面向观众，投入情感。本课以游戏为活动形式，让学生体验戏剧的规则，让学生在轻松的氛围下对戏剧规则有更自然的认识和遵守，有助于提升学生对戏剧规则的遵守意识。 了解小红帽的故事梗概，按小组摆出四幅静态图介绍该故事。本目标的学习分为两步，第一步为观察学习，学生通过看视频对该故事有更深的了解；第二步为应用学习（展演），学生在了解了故事梗概和戏剧规则之后，对其进行整合，在小组合作后展示出四幅静态图。
4. 学习重点、难点 **学习重点：**能在表演中应用戏剧的两项规则。 **学习难点：**调动学生情绪，激发学习兴趣；在每次活动过后，让学生了解活动的目的。
5. 学习评价设计 参与戏剧热身活动，并在老师的引导下说出活动所体现的规则（面向观众和投入情感）；以小组的形式排演新编小红帽故事；按照故事的时间顺序用静态图进行片段展示。
6. 学习活动设计

教师活动	学生活动
活动一：热身活动	
教师活动 1 1. 教师和学生站成一个圆形，并向学生介绍“击掌传递”游戏（第一轮：学生依次击掌，将指尖指向右侧同学，并目视此同学，以此类推。第二轮：可反向传递击掌。第三轮：可以跨人传递击掌）。教师在此活动中控制击掌节奏。 2. 教师引导学生体验“Simon says”的游戏：当教师念出的指令有“Simon says”的时候，学生就照做这个动作，如果没有，学生保持直立。如若个别学生动作做错，教师给出简短反馈，教师在此活动中控制游戏的节奏。	**学生活动 1** 1. 学生依照教师的指令完成“击掌传递”游戏，要跟随老师的节奏。 2. 学生参与“Simon says”的游戏，认真听教师的指令，并作出反应，如若个别学生动作做错，应能通过观察以及教师的指令进行自我修正。

续表

活动意图说明： 本活动的目的是调动学生的积极性，激发学生的学习兴趣，让学生迅速进入角色，举止更大方、不羞怯，为下一步的教学做好铺垫。	
活动二：自由走台活动	
教师活动 2 1. 教师发出指令：让学生在教室内自由走动，但是要各自找到一个目标学生，并始终面对着他。教师通过倒计时和手鼓向学生发出开始以及停止走动的指令，教师通过手鼓控制学生走动的节奏。 2. 教师改变指令：让学生在教室内自由走动，但是要始终面对尽可能多的学生。教师依旧通过手鼓控制学生走动的节奏，并两次发出停止走动和继续走动的指令。 3. 教师让学生评价自己的站位，并介绍戏剧中的 V-rule（面向观众规则）。 4. 教师让学生站成一个圈，并向学生询问此活动的目的，教师做必要补充。	**学生活动 2** 1. 学生们根据教师的指令在教室内走动，同时面向各自的目标同学，并能够根据教师的手鼓节奏改变走动节奏。 2. 学生们根据教师的指令在教室内走动，同时面对尽可能多的同学，并能够根据教师的手鼓节奏改变走动节奏。 3. 学生环视四周，评估自己的站位（所有人自动形成了一个圈），并思考其中的原因。 4. 学生站成一个圈，回答教师的问题，对此活动的目的进行反思。学生能在此活动中聆听其他同学或老师的补充。
活动意图说明： 通过此活动，学生在实践中了解了戏剧规则：V-rule，即面向观众原则，在本活动结束时，教师通过让学生反思，进一步强调了本戏剧的规则。	
活动三："读句子"活动	
教师活动 3 1. 教师让学生站成两列，并让两列的学生通过肢体动作和面部表情表演出不同的情绪（例如"高兴""愤怒"），表演三组不同的情绪，每组表演后保持静止不动。 2. 教师给每位学生分发一张小条，每张小条上有一句话（小红帽剧本中的台词），这些句子分别为： I will be careful.	**学生活动 3** 1. 学生站成两列，按照教师的指令，通过肢体动作和面部表情表演出不同的情绪（例如"高兴""愤怒"），表演三组不同的情绪，每组表演后保持静止不动。 2. 学生按照教师的指令以不同情绪向对方读出句子，读完后保持肢体动作。每轮读完后，两列学生将纸条传给右边同学，如此再读四轮。

续表

<table>
<tr><td>My name is wolf. Nice to meet you.
Where are you going，little red riding hood?
Look at those pretty flowers.
Be quiet and stay in the closet!
Oh! What big ears you have!
All the better to hear you with，my child!
Oh! What a terrible big mouth you have!
让两列学生分别以两种不同的情绪向对方读出句子，读完后保持肢体动作。每轮读完后，两列学生将纸条传给右边同学，如此再读四轮。教师在此过程中随时对学生进行反馈。
3. 让学生站成一个圈，并询问此活动的目的，教师及时作出补充。</td><td>3. 学生站成一个圈，反思此次活动的目的，并聆听教师或其他同学的补充。</td></tr>
<tr><td colspan="2">活动意图说明：
让学生从实践中体会到戏剧表演要表现不同的情绪。</td></tr>
<tr><td colspan="2">活动四：“新编小红帽”静态图展示</td></tr>
<tr><td>教师活动 4
1. 播放“新编小红帽”的英语视频。
2. 将学生分成四组，每组四人，教师把新编小红帽故事的四个部分（四张小条）分发给各组，并让每组自己设计动作或台词，把故事的四个部分分别用四幅静态图展现出来，每组有七分钟的准备时间。此过程中教师到每组了解演练进程。
3. 按照组号的顺序请每组进行展示，其他组的组员在观看展示的同时填写互评表，最终得分最高的组别可获得奖励。
4. 让学生站成一个圈，请几位学生谈谈今天学到了什么，教师在此过程中作出必要点评，带领学生回顾本课重点。</td><td>学生活动 4
1. 学生观看“新编小红帽”英语视频。
2. 学生按照分组和教师布置的任务进行练习，如有疑问，可与教师进行沟通。
3. 学生依照组号的顺序进行展示，其他组在展示的同时填写互评表，得分最高的组别获得奖励。
4. 学生站成一个圈，按照教师的引导，谈谈今天学到了什么，其他学生均可补充。</td></tr>
</table>

续表

7. 板书设计（板书完整呈现教与学活动的过程，最好能呈现建构知识结构与思维发展的路径与关键点。使用 PPT 应注意呈现学生学习过程的完整性。）
8. 作业与拓展学习设计 本节课的作业为阅读关于戏剧规则——V-rule 和 Emotion 的文本材料。
9. 特色学习资源分析、技术手段应用说明［结合实践（实验）教学特点撰写］ 本节课整合了英语戏剧活动的特点以及英语国家语言教学的特点，以活动的形式呈现了戏剧教学。
10. 教学反思与改进 （1）本课的教学目标基本达成。 （2）学生在本课的“热身”“自由走台”“读句子”等活动中表现出了很浓厚的兴趣。在展演中，个别学生忽略了教师的指令，没有以静态图的形式把故事展示出来，这一点也许是因为教师强调得不够，教师应举例说明静态图（still image）的含义。 （3）一些学生在展演中仍然遗忘了本课所学习的两项戏剧规则，教师应当及时纠正，在学生的展演中给出提示。 （4）学生在汇报展演环节中需要更多时间为其他组打分，教师应简化评价量表，以便节省学生的互评时间。 （5）在后续的教学中，学生在做其他展演活动的时候能够自觉应用这两项戏剧规则，教师也会在适当时机再提示学生，以增加教学复现效果。

（十）小小创客营——乐高机器人基础搭建教学设计

表 4–10　小小创客营——乐高机器人基础搭建教学设计

基本信息	
姓名	韩红、陈宇靖
学科	信息技术
适用年级	三至六年级
教学设计	
课题名称	小小创客营——乐高机器人基础搭建
课时	共 4 课时完成

续表

1. 教学内容分析 机器人（Robot）是自动执行工作的机器装置，它引领社会发展和进步。它既可以接受人类指挥，又可以运行预先编排的程序。它的任务是协助或取代人类的工作。机器人是机械电子、计算机和仿生学的产物，目前在工业、医学、农业、军事等领域都有重要用途。 近年来，智能机器人市场非常火爆，各大展会、科技论坛的展示区都能见到智能机器人的身影。曾经，机器人产品只是作为科研和概念化产品出现在展览会上面，但现在已经走进千家万户。机器人不仅非常好玩有趣，还肩负起家庭清洁与教育的责任。 乐高机器人套件就像传统的乐高积木一样，玩家可以自由发挥创意，拼凑各种模型，而且可以让它真的动起来。乐高作为一个全球知名的企业，其教育部钻研了 20 多年，终于将积木和教学联系起来。在提供模拟儿童的创造力、想象力和学习能力的高品质产品和体验方面，它是全球的佼佼者，其产品通过游戏活动来鼓励游戏者动手、动脑创作，以激发他们的兴趣，并促进他们的团结和共同思考。
2. 学习者分析 三至六年级的学生对新鲜事物兴趣浓厚，他们善于探索，敢于质疑，敢于创新，具有一定的自主学习能力。乐高是无可挑剔的，它安全、干净，通过对机械原理、物理原理、美学等的综合运用，学生可以把他们的想象力付诸实践，以提高自身的观察能力、动手能力、创造能力、表达能力，养成良好的思维习惯。
3. 学习目标确定 （1）了解中国古代机器人及机器人的发展与乐高机器人。 （2）熟悉乐高部件。 （3）能搭建小电风扇。 （4）能创意设计自主搭建。
4. 学习重点、难点 **学习重点：**利用汉堡结构与加速装置搭建小电风扇。 **学习难点：**运用所学知识设计制作风力发电厂与未来帮助人类的机器人。
5. 学习评价设计 **教师评价：**记录学生平时的课堂表现，以及完成作品情况。 **学生自评：**完成作品情况。

续表

6. 学习活动设计

教师活动	学生活动
活动一：创设情境导入教学	
教师活动 1 播放 PPT，了解中国古代机器人及机器人的发展史，播放视频以深入了解乐高机器人。与机器人小胖互动。	**学生活动 1** 观看、互动了解古代机器、机器人与乐高机器人。
活动意图说明： 宣传传统文化，体会乐高精神，在玩耍中激发创造力。	
活动二：学习实践	
教师活动 2 1. 讲解乐高零件名称与功能。 2. 讲解制作小电风扇的步骤。	**学生活动 2** 1. 寻找并认识乐高零件。 2. 制作小电风扇，体验机械设计师这一职业。 3. 理解汉堡结构，大齿轮带动小齿轮的加速装置。 4. 加电机实验。
活动意图说明： 熟悉乐高零件，了解汉堡结构与齿轮加速装置。	
活动三：拓展提高	
教师活动 3 帮助学生设计风力发电厂与未来帮助人类的机器人。	**学生活动 3** 学生设计搭建风力发电厂与未来帮助人类的机器人。
活动意图说明： 培养学生的创造能力、动手能力、审美能力。	
活动四：交流分享	
教师活动 4 组织学生展示讲解设计作品，点评学生作品。	**学生活动 4** 展示讲解设计作品、自评。
活动意图说明： 提高学生的想象力与表达能力。	
活动五：归纳总结	
教师活动 5 总结重点，难点，表扬设计创意。	**学生活动 5** 回忆所学知识，学习同学的优点。
活动意图说明： 提高学生综合运用知识的能力。	

续表

7. 作业与拓展学习设计 利用互联网了解我国机器人的发展历史，继续完善自己的设计。
8. 特色学习资源分析 （1）引入新的教学手段：PPT、视频、机器人互动，使教学和学习过程更加愉快、认识更深刻。 （2）乐高机器人教学是一项培养动手、操作、设计和创造能力的创新型教学。教学中鼓励学生细致观察，充分调动学生的积极性，培养学生的动手操作和设计能力。充分挖掘学生的好奇心，鼓励学生不习以为常、不满足现状、克服僵化思维，善于发现问题，进而对缺点和问题加以改进和发明，培养创造性解决问题的能力。 （3）学生在机器人搭建的过程中，从平面到立体、从简单到复杂，在考虑材料大小、数量、方向、结构之余，还需要建立流程、系统等战略性思维，有助于开发数理逻辑和协调能力。 （4）学生展示讲解设计作品，表达自我，倾听他人意见，并从别人的想法中得到新的构思，进行深入探索，过程中不轻言放弃，学习调整心态，提高克服困难、抵御挫折的能力。
9. 教学反思与改进 （1）乐高机器人使学生对机器人的系统知识、基本概念和原理有了初步的认识，有利于激发他们对科技的兴趣并培养他们的创新思维和创新意识。通过搭建不同结构的机器人，学生能够整体构思和设计，通过动手实践和小组合作解决问题，通过语言表达设计思路。 （2）课程按照“设计—搭建—测试—分享”的过程来进行。在这一过程中，学生提高了动手能力，学会了沟通、表达与合作，树立了自信心。同时，物理、机械、工程等科学知识在动手实践中被理解、消化、吸收，真正做到了做中学、玩中学。

（十一）绿色能源车项目实践教学设计

表 4–11　绿色能源车项目实践教学设计

基本信息	
姓名	李伟
学科	技术、物理
适用年级	七年级、高中一年级
教学设计	
课题名称	绿色能源车项目实践
课时	共 2 课时完成

续表

1. 教学内容分析

在积累了一定的知识与技能之后，本节课的实践内容包括传动装置的调试、车灯电路的改造、虚拟风洞测试、3D 打印建模、激光切割加工、微博报道、整体演讲展示，以达到全面提升学生综合素养的效果。

学生被分为组装、设计、展示工作组，完成预定任务的同时收集整理过程性资料，汇总加工展示。

提升学生的综合实践能力及团队协作精神，将学习目标引向对实际问题的解决。

2. 学习者分析

学生经过前期的活动，在团队协作、人际沟通、动手实践等方面已经具备了一定的能力，但受阅历的限制，在问题的发现与解决方法、流畅的语言表达、人际关系的处理、有效的任务分工等多方面都需要教师的引导与组织才能更好地完成。初中学生的问题更为突出一些，在任务安排与实施过程中要区别对待，根据难易程度，划分出不同层次来。

3. 学习目标确定

（1）了解软件虚拟数据分析的方法，学会使用计算机辅助手段进行产品加工设计。

（2）学习车辆部件的组装与设计方法，工具的有序管理及安全使用，初步养成严谨、规范的动手实践习惯。

（3）了解信息收集方法，熟练使用信息技术对活动过程进行记录、加工和展示。

（4）通过对问题产生原因的分析和解决，经历任务分配及工作计划的自我实施，体验合作式学习和沟通交流的重要性，逐步养成合作学习的意识，提高团队合作和人际沟通能力。

4. 学习重点、难点

（1）车辆组装过程中的安装精度控制；设计车灯电路中的亮度调试功能。

（2）学会捕捉活动过程中的重要信息；信息汇总方法及展示重点的确认。

（3）合理利用现代加工技术进行设计、分析、制作。从一个想法的产生到实际产品的生成，能选择相适应的处理手段。

5. 学习评价设计

姓名：	教师评价		学生互评		总分（100 分）
	个人（25 分）	工作组（25 分）	个人（25 分）	工作组（25 分）	

续表

6. 学习活动设计

教师活动	学生活动
活动一：实践操作前的准备工作	
教师活动 1 展示 K12 及 F24 两种型号赛车的组装进度。 介绍 GreenPower 赛事的具体内容。 将学生划分为技术、设计、展示三个工作组，分别完成各自的任务，并对整个活动进行过程性记录及展示。 强调安全注意事项：第一，注意安全，操作过程中佩戴必要的防护用具，严格遵守操作规范。第二，良好收纳习惯的养成，做好物品的归位工作。第三，涉及自己不熟悉的领域时，一定要与老师进行沟通后方可进行操作以保证安全。	**学生活动 1** 了解活动安排及安全注意事项。根据本组的任务进行实践操作前的准备工作。领取需要的工具及器材，填写物品使用清单，养成规范、有序的工作习惯。
活动意图说明： 让学生了解活动进度，熟悉本节课的任务安排；强调安全操作的重要性，培养学生良好的学习、工作习惯。	
活动二：设计方案的可行性分析	
教师活动 2 组织设计组的学生分别展示，讨论 K12 车型的经典——红旗轿车的概念设计；F24 车型的流线型设计。 对 K12 进气栅格的制作方法及过程进行探讨。 对 F24 的平衡尾翼进行数据分析。	**学生活动 2** 初高中同学分别展示、讲解相应车型的设计思路，并接受同学及老师的提问。 初中同学讲解进气栅格的具体实现方法及前期对激光切割机使用的经验感受。 高中同学使用 Flow Design 进行平衡尾翼的虚拟风洞实验，通过数据分析其作用。
活动意图说明： 通过演示文稿的形式将前期自主学习成果与老师、同学分享交流，并进行可行性分析，同时提出改进意见。通过讲解交流的过程，培养学生发现问题、分析问题、解决问题的能力。	

续表

活动三：车壳零部件的加工	
教师活动 3 组织学生使用 AutoCAD 生成工程图，然后引入 RDWorks 中进行激光切割排版。 操作过程中强调安全注意事项，同时引导学生思考工作效率的提升方法。 利用现有材料解决尺寸大小不够的问题。	**学生活动 3** 初中同学使用 KIT 板进行进气栅格的加工；高中同学使用桐木片进行尾翼龙骨的制作。 注意激光切割功率的设置及工作效率的提升。 使用木工胶对木板粘接制作出大尺寸加工材料。
活动意图说明： 学生通过动手实践掌握产品加工的实际方法，操作过程中会根据实际情况通过观察、思考、尝试来解决发现的问题，从而进行深层次的自主学习。	
活动四：赛车组装调试	
教师活动 4 组织学生进行 F24 刹车片；K12 后轮组装。 讲解电路原理，辅助学生改造车灯电路。	**学生活动 4** 学生对刹车片进行拆装，反复调试以找到最佳的安装位置与尺寸。 通过电路知识的学习，尝试车灯电路功能提升。
活动意图说明： 绿色能源车项目中车辆的组装调试是基础核心活动，通过反复的安装调试，学生在操作过程中直观了解机械结构、掌握原理知识。在熟悉的基础上，学生可进行产品的再开发，以提升产品的功能。	
活动五：成果展示	
教师活动 5 组织学生进行阶段性成果展示。	**学生活动 5** 将日常活动的资料进行整理汇总；收集本节课各工作组活动的图片信息，编辑制作演示文稿，然后进行演讲展示。 设计及技术工作组的学生结合操作谈自己的感受。
活动意图说明： 语言表达是人际交流中重要的技能，通过对活动的过程性记录与展示，掌握信息收集、加工、存储、表达的方法，同时提高学生的语言表达能力。	

续表

7. 板书设计 （1）工作进度 F24 流线性身体设计；K12 红旗经典概念设计 F24 身体组装完成，进行刹车调试；K12 进行传动部分组装 （2）安全注意事项 安全护具、物品收纳、及时沟通 （3）各组任务分配 设计组进行分析及部件加工 技术组进行车辆的调试 展示组进行过程性资料的记录、收集、整理 （4）成果展示
8. 作业与拓展学习设计 （1）高中组同学的车辆外观中设计了平衡尾翼，如何通过数据分析证明其作用？ 具体解决方法是使用风洞进行实验，参考伯努利原理，物体上下表面空气流速的不同产生压差，从而形成抬升或下压的力。目前，风洞测试可以自己搭建实物环境，但费时费力不易实现，所以采用三维软件附加的流体测试软件虚拟实验即可。 （2）在使用激光切割机进行板材加工时如何提高工作效率? 主要从两个方面进行处理：一是在加工软件中进行切割路径的优化，让激光头“少走路”；二是对加工的图纸进行合理的布局，一次加工出多个零件，也就是“多干活”。 （3）现有板材的宽度有限，如何使用不够尺寸的材料进行加工? 使用木工胶及热风枪对现有板材进行拼接。
9. 特色学习资源分析、技术手段应用说明［结合实践（实验）教学特点撰写］ （1）绿色能源车项目是以学生动手组装赛车为载体，综合运用物理、数学、机械、美术等多学科知识，并辅以计算机三维设计而开展的 STEM 类课程。学生根据自身能力被分到不同的工作组，完成设计、组装、调试、竞赛、演讲等一系列任务。从项目团队的建立、任务分工、方案制定等各个环节充分发挥学生主动学习的意识。教师在整个教学过程中起到引导的作用，将学生的学习兴趣引向最终任务的完成。 （2）注重信息时代学生现代化技术手段应用的培养。教学过程中引入 Inventor、SOLIDWOR、Flow Design、正天激光切割机等软硬件资源，逐步培养学生掌握现代信息技术手段来完成问题的探究与解决能力，并与团队成员进行有效协作，同时利用好新媒体进行广泛的宣传展示，从而更好地顺应社会信息化发展的要求。

续表

10. 教学反思与改进 作为校本综合实践类课程，本课程的最大特点就是充分发挥学生的自主学习意识和参与热情，开展探究式学习。教师起到引导学生学习方向和提升学生知识层次的作用。对于本节课有以下三点认识： 第一，虽然把主动权交给了学生，但老师不能作为“旁观者”，相反所要付出的工作量更大了，必须为学生精心搭建动手实践的学习环境，同时要对各种可能出现的问题有所预期，并且要将涉及的各种操作提前熟练掌握，这样才能做到有序地掌控全局。 第二，学生在学习的过程中，不能只把重心放在最终任务的完成上，而是要注重培养学生发现问题、分析问题、解决问题的能力。就拿本节课中高中学生在加工材料过程中一次只加工一个零件来说，可以提问：能不能提高效率节省材料？在学生思考与尝试操作后很快就解决了问题，从而达到知识与能力深层开发的良好效果。 第三，综合实践类课程要接触到各种工具和设备，所以学生良好习惯及安全规范意识的养成是非常重要的。在教学过程中还是出现了学生开始重视、后半段不重视的情况，因此，专职助教是这类课程需要配备以保证学生安全的重要前提。

（十二）与天文望远镜亲密接触教学设计

表 4–12　与天文望远镜亲密接触教学设计

基本信息	
姓名	孙艳梅、高佳
学科	科学与技术
适用年级	七年级、高中一年级
教学设计	
课题名称	与天文望远镜亲密接触 ——天文望远镜的安装、调试及使用
课时	共 3 课时完成
1. 教学内容分析 随着我国航空航天事业的飞速发展和科技水平的不断提高，学生对宇宙探索产生了浓厚的兴趣，人教版高中地理必修 1 第一章“行星地球”介绍了有关天体的一些内容，学生非常感兴趣，但由于课时有限、内容有限，无法满足学生的探索热情，于是“星空有约”天文实践课程便在此背景下诞生。	

续表

“星空有约”天文实践课程，是面向我校非毕业年级学生开设的一门拓展类课程，是一门普及天文科普知识、培养学生科学实践能力和创新能力的天文实践课程。该课程为喜爱天文的学生搭建了一个施展才华的舞台。该课程创立于2014年，由我校地理教师孙艳梅自主开发、创立并实施。课程创设以来，学校领导高度重视并给予了大力支持，且在不断完善。该课程主要依托我校天文校本选修课和天文社团实施，采取课堂教学渗透与课外实践相结合，注重开发整合校内、校外丰富的资源，对学生进行多方位科技教育。学生借助我校先进的天文设备，在辅导教师的指导下，以科学研究的方式，主动在实践中获得天文学方面的知识，同时积极思索，发现问题、探究问题并创造性地运用知识解决实际问题。内容包括：天文知识讲座、望远镜操作、星空观测、天体摄影、天文研学实践及天文竞赛等。这些活动的开展，不仅开拓了学生的天文视野，培养了学生的科技素养和创新潜质，还提高了学生的实践能力。该课程深受学生喜爱，开发至今，累计培养天文骨干60余人，天文爱好者近千人。这些人在北京市天文科技竞赛、北京青少年科技创新大赛以及金鹏论坛中均取得优异成绩。累计获奖达百人次，其中市级一等奖34人次。 本节课是“星空有约”天文实践课程之望远镜篇的重要内容。本节活动课主要以学生探究为主，包括课前自学探究和课上合作探究。课前教师利用“微信小助手”为学生推送望远镜的相关视频资料，学生通过收看视频，进行课前探究，初步了解一架赤道式望远镜的组装方法。此外，发挥学生专长，让天文骨干学员整理并制作关于天文望远镜的类型、组成和作用的课件，并进行课堂展示，以加深大家对望远镜的了解，为课堂探究奠定基础。本次活动课是在新课程理念的指导下，将新媒体技术与天文教学相结合的一节实践探究课。
2. 学习者分析 作为该课程的学员，学生们不仅应了解四季星空的主要星座和亮星，了解天文望远镜的类型、组成和各部分的作用，更应学会独立使用天文望远镜，这是开展天文观测活动的基本技能。赤道式天文望远镜的安装与调试，要求学生具备初步的天球坐标知识和立体空间想象能力，所以本节课是针对“星空有约”天文校本课程的学员开展的一次动手实践活动。参加本次活动的学生是初一和高一学生，通过之前的学习，学生对天球坐标、天赤道、赤经和赤纬等已有了初步了解，也曾在教师的指导下利用天文望远镜进行过实际观测，但是对于赤道仪的跟踪原理欠缺理解，而且对天文望远镜的安装、调试等缺乏独立自主的实操训练。
3. 学习目标确定 （1）掌握天文望远镜的类型、组成和各部分的作用。 （2）了解赤道式天文望远镜的工作原理。 （3）能够正确完成天文望远镜的安装与调试，并能正确使用天文望远镜观测目标天体。 （4）提高学生的自主探究能力、合作能力及实践能力。 （5）培养学生吃苦耐劳精神，树立正确的世界观和宇宙观。

续表

4. 学习重点、难点

学习重点：熟悉天文望远镜的类型、组成和各部分的作用，能独立正确地完成折射式或反射式望远镜的组装与调试。

学习难点：熟练掌握天文望远镜的安装与调试，利用望远镜寻找目标天体。

5. 学习评价设计

（1）学生学习的积极性和主动性方面；

（2）学生回答问题的准确性和科学性方面；

（3）学生小组合作探究的深度和组员的参与度方面；

（4）学生安装和调试望远镜的规范性和实践力方面；

（5）课前探究成果展示方面；

（6）学生在使用设备过程中的应变力和创新力方面。

6. 学习活动设计

教师活动	学生活动
活动一：旧知回顾	
教师活动 1 引导学生回顾之前所学内容：冬季星空的主要星座及亮星、赤道坐标的概念、赤经、赤纬等。	**学生活动 1** 学生回忆、思考并回答。
活动意图说明： 温故知新、承上启下，为后续学习作铺垫。	
活动二：创设情境　导入新课	
教师活动 2 展示我校不同类型的天文望远镜图片：提出如何快速辨别它们的类型并正确组装与调试的问题，进而导入新课。	**学生活动 2** 学生初步判断并回答。
活动意图说明： 激发学生的学习兴趣，初步感知天文望远镜的类型。	
活动三：课前探究成果展示	
教师活动 3 展示探究问题：天文望远镜的类型、组成及安装。	**学生活动 3** 学生代表上台展示，其他学生聆听。
活动意图说明： 分享探究成果，培养学生的探究能力及搜集信息、整理信息的能力和语言表达能力。	

续表

活动四：室内模拟演练（小组合作探究：天文望远镜的安装与调试）	
教师活动 4 布置任务并巡视指导：学生先以小组为单位，进行天文望远镜的组装和调试。提出要求：由天文骨干成员指导本组队员，正确组装望远镜（合作完成），并对本组成员进行评价；15 分钟后各组选派代表进行模拟演练，评选出望远镜操作优秀组。	**学生活动 4** 学生分组进行探究、动手组装天文望远镜。 分组进行模拟演练（分享探究成果）。
活动意图说明： 培养学生的合作能力、理论联系实际的能力及动手操作能力。	
活动五：室外小试身手（望远镜组装大 PK）	
教师活动 5 组织学生展开竞赛：选出计时员、学生评委，各组推选参赛选手，教师作为总评委监督点评。	**学生活动 5** 参赛学生动手组装天文望远镜，其他学生各司其职。
活动意图说明： 采取竞赛的方式，目的是激发学生的学习兴趣和竞争意识，更好地掌握天文望远镜的正确组装与调试，为实际观测奠定基础。	
活动六：夜晚实战猎星（利用望远镜寻找目标天体）	
教师活动 6 引导学生辨认冬季主要星座及亮星，并布置新任务：以小组为单位，利用望远镜寻找指定目标天体，并分享成功秘诀。教师巡视指导。	**学生活动 6** 学生仰望星空，辨认冬季主要星座及亮星；分组完成猎星任务，组内解决疑问。
活动意图说明： 学以致用，学生不仅能正确辨认冬季星空主要星座和亮星，而且初步学会使用天文望远镜观测目标天体，增强学生的成就感；提高学生的实践能力和合作能力，培养学生吃苦耐劳和持之以恒的精神。	
活动七：归纳总结，并拓展延伸——布置课后探究作业	
教师活动 7 教师提出不仅要会熟练安装望远镜，还要能正确调试： 1. 画折射镜和反射镜的光路图，并总结两种不同望远镜的优缺点； 2. 如何能够准确跟踪天体。	**学生活动 7** 学生针对问题，课后继续探究。
活动意图说明： 问题延伸，鼓励学生课下积极思考问题并尝试自己寻找解决问题的方法，进一步激发学生的学习兴趣。	

续表

7. 板书设计 与天文望远镜亲密接触 初识它、了解它——天文望远镜的类型、组成与作用 近观它、抚摸它——安装与调试 热爱它、利用它——观测目标天体
8. 作业与拓展学习设计 （1）画折射镜和反射镜的光路图，并总结两种望远镜的优缺点。 （2）如何能够准确跟踪天体。
9. 特色学习资源分析、技术手段应用说明 整个活动的设计紧紧围绕“激发学生兴趣，提高学生能力，培养学生的科学素养”这一目的，注重学生的探究、参与、实践能力，突出了科学性和时效性，同时为学生今后的实际观测打下坚实的基础。教学方式采取探究式学习、新媒体教学、动手操作、实战演练等，充分利用现代多媒体技术和微信小助手辅助教学，提高课堂教学效率。
10. 教学反思与改进 天文知识系列讲座是“星空有约”天文实践课程实施中重要的活动形式之一，对于丰富学生的天文知识，开拓天文视野，系统掌握天文基本理论起着非常重要的作用。而本节课“与天文望远镜亲密接触——天文望远镜安装、调试及使用”，是“星空有约”天文实践课程之望远镜篇的重要内容。学生学会独立安装、使用天文望远镜，这是开展天文观测活动的基本技能。 本节活动课将探究式教学贯穿始终，目的是提高学生的探究能力和自学能力。在整个活动中，课堂气氛活跃，师生关系融洽，学生活动充分，既有自主学习，也有师生互动和生生互动，学生的参与度高，达到了预期的目的。尤其是课前成果展示和望远镜操作竞赛活动，极大地激发了学生的学习热情，给有天文特长的学生提供了一个自我展示的机会，使他们更加热爱天文，以小组合作探究的方式进行组内交流和组间竞争，进一步增强了学生的合作意识和竞争意识，可以说本节课很成功。 但本节课中也有遗憾之处：如有的学生在活动中并没有完全放开思想，不是特别主动。组内活动时，由于时间有限，加之望远镜本身数量有限，有的学生操作望远镜的时间比较少，后面的课上会让这部分学生多多练习，也会在今后的天文活动中为他们提供更多展示的机会。

第五章　学院制区域课程的实施效果

学院制改革聚焦教育质量与育人水平，实施课程供给侧改革，进行了课程供给优化、整合，突破了学生成长的资源、时空边界，在教育供给与学生需求之间架起了一座“桥梁”，探索出了区域共同育人的新样本。

体制改革的重要目标是增加优质服务供给，提高优质公共服务资源辐射效应。区域课程建设体制创新的意义正是通过将区域内外的优质课程资源进行整合与有效利用，从而实现优化课程公共服务效能的目标。

学院制课程运行五年后，已由 112 门提升至近 500 门，课程覆盖率由中学覆盖率 84.2%、小学覆盖率 96.7% 提升至中小学 100% 全覆盖，受益学生人次由 22821 人次提升至 70120 人 363003 人次。在数字大幅增长的背后，是学院制课程的实施给区域优质资源的均衡配置、学生全面而有个性的发展以及教师课程领导力的提升等方面带来的积极变化。

一、改善了区域课程供给样态，促进学校特色发展

1. 课程供给由单一走向多元

学院制课程的实施，极大地丰富了区域课程资源。学校在实施国家课程以外，能够根据学校课程建设需要、学生发展需要，从青少年教育学院“1+N+8+X”的课程供给主体中选择适合的课程资源。多元的课程选择空间，不仅解决了学校缺乏课程开发人员的困境，也部分缓解了学校选修

课师资短缺的问题。例如：北京市第五十中学为示范高中，为满足学生的个性化成长需要，学校每周五下午在全校范围内安排了丰富多彩的选修课供学生自主选择。最初选修课任课教师由本校学科教师兼任，但是随着中高考改革的推进，选科选考的考试方式对国家课程的教师配置提出了较高要求，在做好国家课程教学以外，教师无暇顾及个性化课程的开发。为了缓解这一矛盾，第五十中学与青少年教育学院天永学区分院（学区分院）、体质健康学院（专业学院）等学院制课程供给单位商议达成选修课合作协议，将烹饪、茶艺、电子百拼、大体操等多门课程纳入校本选修课，课程时长设置为一个学年。学区分院和专业学院的专业教师，针对初高中学生的学情及知识背景进行了定制化课程设计。同时为了缓解学校空间及硬件条件的不足，还将部分课程设置在学区分院的实训基地中，让学生能够跟随专业课教师在烹饪、电子电路等为职高学生配备的专业教室中学习。

这种区域联盟式的区域课程供给主体融合了教育系统内外教育资源，解决了课程供给单一、学习空间狭小等问题，改善了区域教育生态。

2. 优质资源实现区域内流动

区域内优质课程的使用权从校属转化为区属，区域外的资源得以孵化或引进，实现了优质课程资源的流动与辐射，进而提高了区域对课程资源的整合能力和利用率。

在东城区教育结构布局调整之后，学区之间、教育集团之间、“盟、贯、带”之间课程资源的不均衡问题依然存在。在调研中发现，以学区为单位，A 学区有 31 门关于学校特色发展的课程，而 B 学区有 151 门。弥补学区之间、学校之间的课程不均衡现象，是学院制课程建设的主要目的之一。几年来，青少年教育学院利用学院制课程这一区域平台，将学院制课程平台辐射到更多学校，让更多学生享受到了优质教育资源。

例如，青少年教育学院通过教师培训将史家胡同小学的博物馆课程辐射到全区，先后对 8 个学区 17 所学校的 50 多位教师进行了博物馆课程专题培训，让全区更多学校具备了开设博物馆课程的师资，为更多学生创造了享有史家小学优质课程的机会。另外，中央工艺美院附中将本校的优质美术课程辐射到全区，为全区 200 余名学生开设一学年 30 次的课程，选取了 400 幅学生作品举办了画展。文汇中学将本校的科技类优质课程辐射到学区，为全区 200 余名学生开设 16 课时的课程。青少年教育学院统筹管理的英文戏剧课程，自 2015 年实施以来，已经从 1 所学校辐射到 7 所中小学校，全区 210 名学生参与到英文戏剧课的学习中来。

3. 课程扶持助力学校特色课程建设

区域课程建设的目的就是要在区域层面为学校课程建设提供支持与服务。学院制课程还为学校提供基于个性化办学的特色课程建设服务。学校在场地、师资、研发能力、资金等方面的资源不足，是制约课程发展的主要因素。因此，学院制课程通过辐射与共享，在全区为各学校提供了一个可选择的由 430 余门课程构成的“课程库”，丰富了学校课程的内容。学院制课程成为各学校完善自身课程体系的重要支撑和资源补给站，为学校课程建设提供可选择、可定制的服务。在学院制课程里有一些定制课程，这类课程是学校根据自己的特色发展目标和学生需求向专业分院或学区分院专门“定制”的课程，是学院制课程为学校提供精准服务的亮点工程，在一定程度上丰富了学校的课程结构。在区域层面，可通过跨学科融合的课程培训、课程认定、精品课程评选、课例研究等途径扶持学校自主申报的学院制课程。

例如，某小学结合学校自身发展现状，将京剧课程作为学校特色课程进行建设，但因资金条件有限，学校申请了学院制课程建设专项经费，青少年教育学院连续数年向学校提供专项经费支持，支持学校将这门课程打造成精品特色课程，并使其成为学校文化的重要组成部分。某中学根据其“生活即教育”的办学理念，在生活教育课程体系建设中遇到生活实践类课程不足的困难，青少年教育学院分院利用自身的师资优势，与该中学共同研制生活教育系列课程，成为该中学生活教育课程体系的重要组成部分。某师大附小向学区分院定制了珠心算等课程。黑芝麻胡同小学借助东城区文化艺术学院和学区分院完善了“创造教育课程体系”。史家小学分校在青少年教育学院的支持下定制研发了“京剧课程”系列内容，经过几年的探索与实践，京剧课程已经发展成为史家小学分校的特色课程，并成为学校特色发展的有力抓手，有效地实现了学院课程和学校课程的结合，开创了学院制课程和学校课程共同育人的局面。

归纳起来，学院制课程主要通过提供资金支持、研制定制需求课程以及提供已开发课程这三种服务，精准对接学校课程建设能力的需求。

4. 创新理念推动区域课程改革

促进学生全面而有个性的发展是区域课程建设体制创新的基本目标。随着这一创新体制的构建与运行，基于这一目标形成的区域课程的内容与形态已成为区域课程建设的特色和创新点，也为破解当下课程改革中面临的难题提供了一条探索的路径。学院制课程通过探索学生个性化课程地图建设，为破解当前学校课程对学生个性关照不足的难题提供了思路；通过探索学段衔接与贯通培养的课程，为破解学校课程学段分割不连贯的难题提供了思路。

（1）探索学生个性化课程地图

在对多主体提供的课程资源进行整合的基础上，东城区学院制课程形成了文化与艺术、科学与技术、职业与社会、体制与健康、国际交流与理解、综合实验实践等若干个课程群。另外，由于“学院制”课程不受学校学段的限制，还通过探索十二年一贯的课程链，为学生提供基础教育阶段的全链条课程。学生在课程链与课程群中的选课轨迹就是学生的个性化成长轨迹。因此，学院制课程的创新，是通过探索区域课程在两个维度的发展，为学生提供十二年发展的个性化课程成长地图（如图 5–1 所示）。

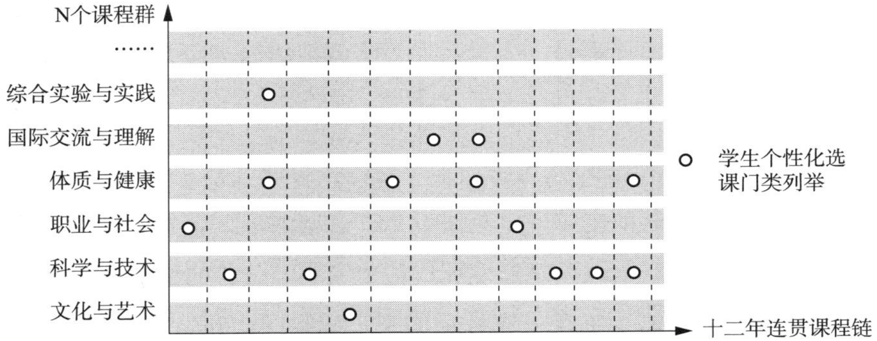

图 5–1　学院制课程的学生个性化成长轨迹

（2）探索十二年贯通培养课程

学院制十二年贯通课程链的形成有两条主线：一是探索包含小、中、高学段全覆盖的课程体系，让学生在十二年基础教育阶段都可以在学院制课程中找到自己感兴趣的课程。以科学与技术课程群为例，目前，此类课程开设了涉及小学、初中、高中三个学段全覆盖的多门课程。学生可以根据自己的需求，在不同年龄段选择自己感兴趣的科技类课程，实现自身十二年不间断的科技素养发展。以 GreenPower 绿色能源车课程为例，青少年教育学院通过与企业、实验校共同合作开发，逐步形成了小学认知与体验，初中组装与实践，高中探究与研发的分学段贯通培养的课程目标。以职业与社会课程群为例，由学区分院提供的职业体验类课程形成了小学注重感知模仿、初中注重认知感悟、高中注重探知研究的分学段培养目标，并根据培养目标设置不同课程内容，采用不同方式授课。二是根据课程需求与特征，在部分学段实施贯通培养。主要是在学校教育、家庭教育培养的基础上，对具有一定学科基础或专业基础的学生提供中高学段的贯通培养。目前正在实施的信息类课程、化海起航课程，实现了对初中、高中学段在计算机信息技术和化学学科方面有基础和专长的 130 余名学生的贯通培养，成为区域创新型人才培养的新模式。

由此可见，区域课程建设体制创新的重要目标是增加优质服务供给，提高优质公共服务资源辐射效应。区域课程建设体制创新的意义正是通过将区域内外的优质课程资源进行整合与有效利用，从而实现优化课程公共服务效能的目标。

5. 线上 + 线下，课程实施渠道更加丰富

学院制网络教学的形式在居家学习期间发挥了重要的保障作用。近年来，线上教学、虚拟课堂、远程教育等在我国发展迅速。线上教育机构空前活跃，教师、学生、父母参与网络学习的热情也非常高。线上教育已经不再是一个可有可无的补充教育形式，它的优势无可比拟，它突破了时间、空间、人数、存储量、传输方式等各种限制，极大降低了学习成本，用更少的老师、更优异的教学资源教育了更多学生，这才是教育的理想发展方向。在居家学习期间，青少年教育学院积极引导、整合资源，各专业学院、学区分院、课程基地校充分利用专业优势，通过微课、防疫知识小视频、宣传画征集、微视频比赛等多种方式，为学生提供了可选择的优质学习资源。

青少年教育学院联合北京市文物局邀请首都博物馆、清华大学等相关方面专家，推出“文昌盛运看北京”云讲堂 6 讲，收看量超 6000 人次；组织专业学院、学区分院开展“居家学习不单调　带你玩转青少院”系列微课 15 期，累计阅读量 4500 余次，为学生提供可选择的优质学习资源。2020 年暑期，青少年教育学院带领部分学区分院、专业学院及课程基地校开办了云端夏令营暨暑期学院制课程实践活动这一项暑期线上公益活动，包含网上青少年教育学院公众号微课收看、在线授课及互动、优秀学员作品展示等，内容形式丰富多元。它作为春季“停课不停学”期间学院制微课的有效延续，以学生自主选择、自愿参加为原则，旨在丰富疫情期间广大中小学学生的暑期生活。

二、丰富了学生的自主选择空间，促进了学生的个性特长发展

1. 学院制课程促进学生多维度能力全面发展

根据 2019—2020 学年学院制课程监测数据统计，其所促进的七大能力为合作能力、创新能力、探究能力、问题解决能力、审美能力、劳动技能能力和语言表达能力。在 2347 名参与东城区学院制课程评价的学生中，合作能力满意人数为 1505 人，创新能力满意人数为 1497 人，探究能力满意人数为 1494 人，问题解决能力满意人数为 1415 人，审美能力满意人数为 1397 人，劳动技能能力满意人数为 1397 人，语言表达能力满意人数为 1335 人。其中，合作能力、创新能力、探究能力为第一梯队。这说明，学院制课程具备合作性、创新性与探究性。问题解决能力、审美能力、劳动技能能力为第二梯队，该梯队能力有待课程设计进一步探索。语言表达能力满意度远远低于其他能力，因而，未来学院制课程学习应注重开设培养语言表达能力的课程。

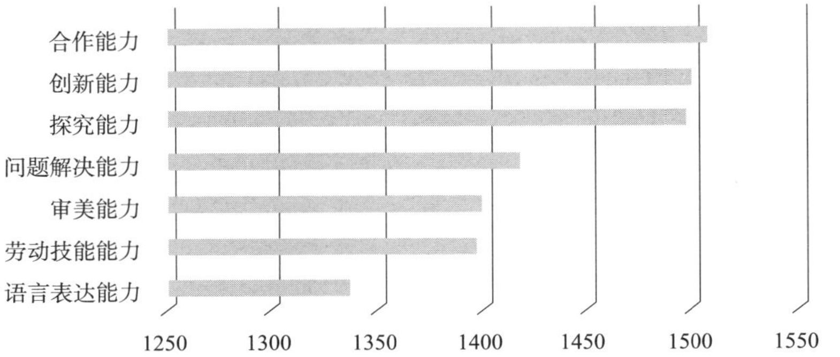

	语言表达能力	劳动技能能力	审美能力	问题解决能力	探究能力	创新能力	合作能力
系列1	1335	1394	1397	1415	1494	1497	1505

图 5-2　2019—2020 学年学院制课程监测数据

以合作能力为例，以电动能源车组装为载体的综合创新实践课程就是其中一门明星课程，在这门选修课上，学生跨年级组成车队，并且根据特长在车队中找到适合自己的位置。学生们以团队合作的方式，将一根根铁管、一块块电路板，依据图纸拼装搭建成一辆能够真正在赛道上运行的电动车。在组装好车身后，车队成员还要讨论、设计个性突出、彰显特色的车衣，并通过演讲向观众介绍自己车队的设计理念。参加第五十中学分校绿色能源电动车课程的学生在访谈中表示："通过课程的学习，我掌握了相关工具使用、3D 设计及 3D 打印机的操作等多方面技能。在学习过程中，我与成员一起在摸索中进步，其间我们遇到了很多问题，经常加班加点地去解决，如今我们已经制作完成了三辆赛车。过去的两年里，我们带着长征一号赛车数次出征，斩获了多个奖项。2018—2019 学年，我校绿色能源电动车在国内各类相关比赛中获得了多项冠军，还前往英国参加了 2018 年度的国际赛事，我也在其中做到了'最好的自己'。绿色能源电动车课程使我学到了很多书本上学不到的知识，习得了很多技能，更磨炼了意志，磨合了队员间的默契，自己成长了。"

参加青少年教育学院龙体学区分院西方饮食文化与烘焙课程的学生在访谈中表示："我在课堂中不但学习了有关烘焙的专业知识，而且认识了各种各样从前不认识的工具，还在老师的指导下，尝试了自己亲手制作甜品。尽管我做的不是最优秀的，但自己的劳动成果总是与众不同的。一次次的动手实践，体现出各个组员之间的团结协作。众人拾柴火焰高，各个组员分工明确，齐心协力完成老师的要求。烘焙这门课程，不仅让我学会了一门技能，锻炼了我的动手能力，我也从中深深体会到了集体活动的快乐，增强了我的团队意识。作为小组的组长，还培养了我的领导能力与沟通能力，这些都为我今后的发展打下了良好的基础。从羡慕他人制作甜品，到自己亲力亲为，对于我们每个人来说，都有很大进步。两位老师幽默风趣的讲课方式，让我在学习中感受到了无限的乐趣，从对烘焙的喜爱转为热爱。"

同时，学院制课程为学生提供了五育并举的课程资源。这里，我们主要介绍三种特色课程。

（1）劳动教育特色课程。例如，北京现代职业学校试点开展劳动教育，结合国家对中小学生劳动教育的要求，将职业教育与劳动教育相结合，初步形成具有学院特色的学院制课程体系。鼓励教师在此方向的基础上建成系列课程，以烹饪类职业体验课为基础，在职业认知、专业知识、专业技能学习的同时，强化实践体验，让学生亲历劳动过程，学会劳动技术，具备满足生存发展需要的基本劳动能力，形成良好的劳动习惯；懂得遵守劳动纪律，体认劳动，促进学生形成正确的世界观、人生观、价值观。

（2）美育特色课程。例如，明城活动中心积极开发美育课程，将影视教育纳入中小学教学计划，充分发挥优秀影片的育人功能，运用影视开展爱国主义教育。美育形式丰富，主题明确，促进多学科融合与综合运用。

（3）智育特色课程。基于东城区智慧教育示范区建设，集合学校计算机专业教师优势，东城区职业大学进行中小学 C++ 语言信息化素养课程建设。通过前期调研，走访宏志中学，了解了宏志中学作为学院制课程基地校在信息素养课程的研发及实施方面的效果和经验，并与区域内中小学对接，了解需求，确定并研发中小学智慧特色课程。

2. 学院制课程助力特长学生专长发展

青少年教育学院肩负着汇聚区域内外优质教育资源，构建素质教育人才培养模式的任务。项目是青少年教育学院推进学院制课程建设的主要方式，其中不乏多方合作的项目，比如计算机信息高阶课程项目、化海启航项目、英文戏剧课程项目、书画艺术课程项目等都是在青少年教育学院的主导下，由高校或优质课程资源单位与中小学校合作运作而成的。其合作成效直接影响学院制品牌课程建设和可持续发展。

以化海启航项目为例，它是在青少年教育学院的主导下，由北京师范大学与两所基地校共同合作，为东城区培养化学学科拔尖创新型人才的项目。通过对化海启航拔尖人才培养项目的访谈，有学生表示：“相比于提前接触大学实验室，化海启航课程培养了我的逻辑分析能力、动手实操能力，更让我受益良多。每次课前，老师都会让我们提前预习整个实验过程，针对不理解的部分提出疑问。在讲解反应原理和实验过程的时候不是一味灌输，而是用提问的形式让我们积极思考、充分反思。我最喜欢的就是实验后的误差分析环节，它让我们认识到自己做的哪部分还不够完美，并积极阐发新的问题和思考。现在我所能记住的只剩几个最有意思的实验，但是化海启航课程所培养的化学学科素养和对于自然学科的科学探究精神将让我一生受益。”还有同学表示：“通过学习化海起航课程，除了很直接地获得了专业知识、提高了专业技能外，更多的是从项目实践中得到的足以让我们受益的动手实践能力以及发展开放性的思维，不再局限于读死书了。化海课程不仅仅教会我知识，也启迪我学会运用更多的方法去解决问题。许多时候用不同的维度去思考，解决问题的路径也就不那么狭隘了。”

3. 学院制课程致力于培养学生的学习兴趣

学科融合的实现体现在学院制课堂教学和主题活动中，并通过教学实践来实现教学目标和验证教学成果，这是跨学科融合教学的落脚点。学院制力求提供学科融合特色、创新的、综合类的课程，从而激发学生的学习兴趣。

例如，由天坛活动中心舞蹈教师、书法教师合作开发的木兰从军课程，把木兰从军的英姿飒爽用舞蹈形体课程展示出来，把她归家展示女性魅力的“木兰辞”引导学生用书法表达出来；如琴韵书声课程，由书法教师刘颖和器乐古琴演奏教师王文文配合，将古琴的渊源与书法的书写自然契合，相互抒情达意，活动场地“课堂”的界限被延伸，教师通过听、赏、书、弹、品、鉴等环节的设置，为学生学习营造综合艺术实践场。总之，通过不同学科的交叉渗透可以变传统单一的教学为多样化的教学，取得较好的教学效果。

又如，英文戏剧课程融合英语、戏剧、美术、音乐等学科元素，在情感态度上，学生能够在戏剧学习中发展自信心，丰富生活阅历，促进学生之间的沟通与合作。同时，培养学生的学习兴趣和积极性，帮助学生认识自我，激发个人潜能。

4. 学院制课程协助学生做好职业规划

学院制课程给了学生充分的选择权。跨校、跨学段的课程选择，让学生从兴趣爱好出发，并且给予学生十二年持续的课程支持，有效地帮助学生逐渐明确自己的人生目标，规划未来人生。

信息素养课程的学生在访谈中表示："我在东城区青少年教育学院开设的信息素养提升班上课已有一年时间了，在学习这门课的过程中，我不仅学到了更多更专业的计算机编程知识，还发现了更适合我的学习方法，锻炼了我面对挑战敢于迎难而上的学习态度。我发现自己更加喜欢编程了。憧憬未来，我希望自己能成为一名网络工程师，为我们国家日新月异的互联网事业作出自己的一份贡献，我也将记住在东城区青少年教育学院学习的日子，因为这里是我梦想开始的地方。"

艺术素养提升课程的学生家长表示："2017 年我的孩子开始进入青少院学习画画，她每次下课回来都兴致勃勃地给我讲述今天上课都画了什么，老师如何点评她的画，哪里画得好，哪里需要改进，也受到了同学的表扬。在青少院专业老师的指导下，打下了扎实的基础，提高了艺术欣赏水平。在第七届全国青少年儿童小金鱼漫画大展中获得了铜质奖。2019 年我的孩子正值小升初，有一天，在放学路上孩子跟我说：'妈妈，我想考工美附中，我喜欢这个学校，喜欢这里的老师，自从上了青少院的课，我就更想上这所中学了，因为长大以后我要考清华美院，学习设计专业……'青少院的学习经历让我们欣喜地看到，孩子在这里清晰地找到了自己的人生目标。"

三、拓宽了师资培养路径，促进了教师专业发展

目前，区域内19所中学、24所小学、10所校外教育单位参与到学院制课程的开发中，经过论证审批授牌的学院制课程实践基地有23个。学院制课程的教师队伍主要分为区域系统内固定师资、区域系统外兼职师资、专家师资三类。参与开发、学院制课程的教师数量在逐年上升，固定教师队伍从2012年的176人发展到现在的600余人，主要是专业学院、学院分院及部分中小学教师。区外兼职师资主要是社会资源单位提供的授课教师（教师队伍包括故宫博物院的研究人员、非遗文化继承人、北师大化学会成员、F1赛车教练等）。专家师资是学院聘请的中国社科院、北师大、北京教科院等管理类、课程类的专家20余名，进行课程可行性论证、课程前期开发及课程结构搭建等工作。三类师资队伍承担了从学院制课程研发到实施不同阶段的工作。另外，由于开放的组织模式，随着N、X的进一步建设发展，教师的准入、课程的论证都保持着一个可持续发展状态，让区域的教育课程供给呈现可持续发展状态。

教师课程领导力是实现核心素养建构价值的重要基础。教师的课程领导力是教师个体或群体在课程规划、开发、实施、评价等实践活动中表现出来的积极影响力。其主要包含教师的课程意识力、教师的课程开发力、教师的课程设计力与教师的课程实施力。

1. 教师的课程意识力更加敏锐

学院制课程大部分为自主研发的创新课程，没有统一的或具有权威的教学大纲，教学内容需要由任课教师自行设计，课程目标的制定以及内容的科学合理安排对任课教师来说是一个巨大的挑战。随着学院制课程的不断深入开展，教师的课程意识力在实践中变得更加敏锐。一方面，教师能够意识到自身在课程建设中的地位和作用；另一方面，教师对当下课程发展情况的感知和相关变化有了适应能力。例如，某职业学校教师在课程实

施的过程中敏锐地意识到职业体验课程不同于职业教育的技能课，不能再像以前那样突出技术的讲解，而是要为学生打开一扇窗，带领学生去认知职业，结合厨师职业，用简练的、适合学生的语言在课堂上引导学生如何进行职业的自我安全保护，通过最简单的动作引出对职业素养的基本要求等；有的教师意识到职业体验课程并非让学生们了解某种职业的知识或技能有多深，而是在于为学生们打开“职业世界”这扇大门，最终发现自己的兴趣所在，然后根据自己的兴趣去学习、去研究、去发展自己。就算自己不喜欢，也是一种真实的体验，避免在今后的职业选择中走弯路。在职业体验课程中，不但能帮助学生们认识职业，了解自己，还能启发他们了解职业与学习的关系，增强自我管理能力，发展自我。

2. 教师的课程开发力更加强劲

学院制教师培养有利于促进教师课程开发能力。从课程体系建设角度来说，学院制特色工作室充分发挥东城区名教师的示范、引领、指导作用，加快学院制优秀教师队伍的建设，提升学院课程质量，满足学生全面而有个性的发展需求，首批特色工作室包括茶育特色课程工作室、传统民俗饮食文化特色课程工作室、创客特色课程工作室、烹饪特色课程工作室、汽车特色课程工作室。例如，茶育特色课程工作室以高级茶艺技师、东城区少年宫研究室主任、东城区学术委员会委员、兼任中国茶叶流通协会茶文化教育教师工作委员会主任霍艳平老师为引领，来自 5 所小学、5 所中学、2 所高中、1 所职业教育学校、1 所特殊教育学校、2 个校外单位的 16 名老师加入。教师们以“一带一路”茶文化为主题进行课程设计与实施，共 10 个课时、10 个课例，教师分组从知识与文化、茶艺技能体验等模块设计课程，并最终形成系列课程，在区域内共享。

从课纲课例撰写的规范化角度来说，青少年教育学院定期开展课程认定校本课程纲要撰写培训、东城区学院制课程认定评审工作方案解读等课程统筹培训。东城区青少年教育学院用整合思维顶层设计区域教师课程培训项目，打破以往单一学科教师只注重学习本学科的壁垒，区域教师课程培训从学科割裂走向融合、从分散走向系统、从交叉走向层递。具体培训内容包含课程准入方案解读、课纲培训、课例培训、精品课标准解读、教学设计等课程相关比赛、优质课展示、课程评价反馈环节。从纵向上看，各学科课程培训具有统筹性；从横向上看，各个环节之间具有延续性和承接性。通过课程培训，教师具备了课程设计与实施的思维，为综合性课程开发储备力量。

3. 教师的课程设计力更加有效

学院制课程通过开展课例研究、定期开展课程质量监测等方式，提升教师课程设计力的有效性。教师的课程设计力是指教师要拥有对达成课程目标所需的教学内容、教学技术和教学程序的计划与选择能力，体现在教师对课程目标的领悟、对教学内容和教学方法的选取、对学生学习情况的整体把握等方面，是教师课程领导力的重要组成部分。

学院制课程通过培训、赛课、专题研究等多种路径提升教师的课程设计能力。例如，2018 年学院制课程以“课例研究在东城：在综合课程中促进教师专业发展的课例研究模式”为题参加 2018 年世界课例研究大会。一线教师、研修员、管理者与高校专家紧密结合，形成新型的教师研究团队，打破传统研修的边界，多元化教师研究团队中的每一角色都具有重要作用，形成了“同侪互助”的模式。采取“同侪互助”的形式，以民主、开放、坦诚的氛围，建立信任、高效、直接的对话机制，如此使得团队文化得以营造，研究得以顺利实施。在“同侪互助”模式下，学生的课堂表现可记录、可观测，课例研究基于学生学习证据。成员来自多个层面，具有多元化的知识技能优势。一线教师作为本次课例研究中“研究课”的主要执行者与主要研究对象，为研究提供了直接的、丰富的素材；高校教师则提供了理论上的引领与支持，通过追问的方式引导团队将课堂中的教学现象（尤其是学生的学习）与已有的教育教学理论进行对话；学校领导者从政策层面给予把关，确保课程内容能够与当前教育改革方向一致；而研修员作为持续推动教师专业发展的人员，在这个过程中对实践、理论与政策等因素进行归纳总结，帮助教师理解学生学习，并引导教师基于学生学习证据进行教学反思、行动与改进，在整个课例研究过程中起到了关键性的作用。以课例研究为载体，搭建起合作交流的平台。团队成员的异质性特点，使得他们能在课例研究过程中产生思维碰撞，形成争鸣。通过专家点拨，提升研究层次，研修员起到协调统整的作用，从而促进教学理论与实践的持续对话。

课例研究的开展，不仅使直接参与的教师的课程设计能力得到显著提升，还形成了课程设计范式，对其他教师形成引领示范作用。

4. 教师的课程实施力更加坚决

在学院制课程推进的五年中，教师在课程建设中的课程执行能力、课程协调能力与课程反思能力得到不断提升。

例如，随着教学改革的推进，初中英语听说能力的考核被纳入了学生中考的范围。在这一背景下，北京国际职业教育学校 H 老师应学校要求，承接了北京市第二十七中学初中英语听说课的教学任务。这门课程既不是她原本的职业学校的专业课，也不完全等同于中学的英语学科教学，因此在三年的教学实践中，她深刻感受到听说课教学目标的设计应有层次感，应反映知识目标、能力目标和情感目标，要求教师考虑语言输入和输出的关系，划分好二者的比例。为了让学生整体感知并了解单词和短语，加深印象，教师就要创设情境，通过师生对话、图片展示、头脑风暴等方式调动学生的积极性，激发学生的学习热情。设计各种活动，激活学生思维，让学生组队练习，展开竞赛，进而展示自己的才华，推动课堂实践活动顺利完成。学生是课堂的主体，教学活动应以学生的愿望和认知水平为出发点，教师应耐心引导，帮助学生，实现听说课的三维目标。

四、学院制课程的社会影响

学院制课程自实施以来，先后与深圳龙岗区、湖北十堰郧阳区、河北崇礼县、云南安宁县等多个地区在交流访问、干部培训等方面进行交流。在北京师范大学中国教育创新公益博览会学术年会、全国课程学术研讨会、北京市教育学会年会、世界课例大会、中国教育学会年会分别进行了学院制课程学术交流，期刊公开发表学院制课程供给相关文章 36 篇，纸媒、网络媒体发表关于学院制课程建设的报道 69 篇。其中，2017 年 11 月 9 日，国家主席习近平夫人彭丽媛与美国总统特朗普夫人梅拉尼娅女士共同参观了北京市板厂小学，该学校展示的服装设计课程由学区分院教师提供，天文课程由专业学院教师提供。

经过几年的探索，学院制课程不仅为学生提供了纵横交错、丰富可选择的服务产品，还通过保障机制、运行机制、监控机制等系列机制的建设确保了服务产品的有效运行，最终实现了供需之间的对接，为解决教育供需矛盾提供了区域方案。学院制这一区域课程体制在多主体间的分权赋能以及在多主体分权赋能基础上形成的开放式协调运行机理等方面取得了显著成效。分权赋能使区域课程实现了从垂直管理走向扁平共治的转变；开放式协调运行机理，形成了不同主体实现共治的基本规制，也确保区域课程质量得以螺旋式发展。体制的创新必然带来区域课程建设的新效能，从课程资源配置来看，区域课程的体制创新实现了优质课程资源的共享，促进了课程公平；从课程服务能力看，它提高了区域服务学校课程建设的能力；从课程改革创新看，它在推动课程改革走向个性化和贯通培养等方面作出了积极探索。

参考文献

［1］田德文：《欧盟社会政策与欧洲一体化》，社会科学文献出版社2005年版。

［2］［美］小威廉·E. 多尔：《后现代课程观》，王红宇译，教育科学出版社2015年版。

［3］［美］约翰·富兰克林·博比特：《课程》，刘幸译，教育科学出版社2017年版。